ALLE

Faika El-Nagashi
Mireille Ngosso

FÜR ALLE, DIE HIER SIND

Faika El-Nagashi Mireille Ngosso

FÜR ALLE DIE HIER SIND

K&S

Wir verwenden die Begriffe Schwarz und People of Color (PoC) als politische Selbstbezeichnung von Menschen, die Rassismus erfahren. Dabei geht es nicht um die Beschreibung einer Hautfarbe oder einer biologischen Eigenschaft, sondern um eine politische und soziale Konstruktion. Wir verwenden daher die Großschreibung. Mit dem Begriff Weiß wird auf die privilegierte Position innerhalb der rassistischen Machtverhältnisse verwiesen.

Für
Younis und Samuel

3

VERÄNDERUNG

4

ZUKUNFT

ZUM ANFANG
ALLE, DIE HIER SIND, SIND VON HIER

Wie sieht eine Politik aus, die für die Veränderung der Verhältnisse steht? Die soziale Ungerechtigkeiten und Benachteiligungen bekämpft, statt Menschen in Gruppen einzuteilen und sie gegeneinander auszuspielen. Die eine faire Verteilung der Ressourcen anstrebt und sich nicht den Interessen derer verschreibt, die ohnehin Macht und Möglichkeiten haben. Die gute Bedingungen für ein würdevolles und selbstbestimmtes Leben für alle schafft. Was ist unsere Vision? Was ist die Politik, für die wir stehen? Wir wollten diese Frage gemeinsam beantworten, obwohl wir aus zwei verschiedenen Parteien kommen, den Grünen und der SPÖ. Oder gerade deshalb. Weil es uns darum geht, trotz all unserer Unterschiede Zusammenhalt zu schaffen – unabhängig von Herkunft, Hautfarbe, sexueller Orientierung, Religionszugehörigkeit oder Behinderung. Und weil wir uns gegenseitig Raum für unsere Sichtweisen geben und trotzdem auch mit einer Stimme sprechen wollten.

Wir haben uns vor etwa fünf Jahren, Ende 2017, das erste Mal persönlich kennengelernt. Es war an einem Novembervormittag. Wir waren mit einigen Dutzend Aktivist:innen bei einer Kundgebung vor der libyschen Botschaft im 19. Bezirk in Wien. Wir protestierten gegen die Versklavung von Menschen auf der Flucht durch libysche Milizen und gegen die Rolle der EU, die diese Truppen finanziert, um Flüchtende an der Weiterreise nach Europa zu hindern. Es war ein kalter und nebeliger Tag, außer unserer kleinen Protestgruppe war kaum jemand zu sehen. Wir hielten gemeinsam ein Schild mit der Aufschrift „Black Lives Matter", und obwohl wir noch wenig voneinander wussten, fühlten wir uns politisch verbunden. Wir trafen uns wieder auf Demos, bei Pressekonferenzen, Diskussionsveranstaltungen. Und wir begannen uns auszutauschen: Über unsere Erfahrungen in der Politik und in unserer Partei, über Rassismus und Diskriminierung, über Erfolge und Misserfolge. Bei allen Unterschieden spürten wir, wie es uns stärkte, einander zuzuhören, Gemeinsamkeiten zu finden und uns zu unterstützen. Und wir erlebten, wie es andere motivierte, zu sehen, dass wir Seite an Seite stehen. Dass es möglich ist, über Parteigrenzen hinweg zusammenzukommen und solidarisch in der Sache zu sein. Gemeinsam zu handeln ist auch für uns wichtig geworden. Uns aufeinander zu beziehen, miteinander die Bühne zu teilen, gemeinsam ein Buch zu schreiben.

„Das wird ein Power-Buch!" Darin waren wir uns von Anfang an einig, als wir vor etwas mehr als einem Jahr darüber sprachen, unseren Weg in die Politik, unsere Erfahrungen in sozialen Bewegungen und unsere politischen Positionen zu verschriftlichen und gemeinsam ein Manifest zu schreiben. Ein Empowerment-Buch, das zeigt, was möglich ist. Wie wir es für uns möglich gemacht haben. Und wofür wir stehen. In die Politik zu gehen war für uns als Kinder von Migrant:innen kaum vorstellbar. Zu weit war das Parlament von unserer Lebensrealität entfernt und zu oft hörten wir, dass wir *anders* seien, fremd und nicht Teil dieser österreichischen Gesellschaft. Wir müssten uns erst beweisen und etwas leisten, und selbst dann würden immer andere entscheiden, ob wir gut genug waren. Das zu überwinden war nicht einfach. Selbstbewusst unseren Platz einzunehmen. Sichtbar zu sein in unserer Andersartigkeit, uns nicht zu assimilieren, widerständig zu bleiben. Es war und ist ein Kampf gegen die Ausschlüsse, die wir selbst erleben und gegen ein System, das auf dieser Grundlage funktioniert. Erfahrungen, die uns wütend machen. Aber aus der Wut schöpfen wir auch Kraft und Mut. Wir sind österreichische Politikerinnen, und wir sind stolz darauf. Wir haben hart dafür gearbeitet, und es ist für uns nicht nur ein persönlicher Erfolg, sondern ein Weg, den wir gemeinsam gehen und den wir für andere beschreiten, die nachkommen werden. Unsere Perspektiven erweitern die institutionelle Politik in Österreich und es sollte eigentlich gar nicht ungewöhnlich sein, uns am Redner:innenpult im Parlament und im Landtag, in einem Fernsehinterview oder bei einer Pressekonferenz zu sehen. Aber wir wissen, dass wir immer noch Ausnahmen sind. Wir sind in Ungarn und in der Demokratischen Republik Kongo geboren. Wir sind mit vier Jahren mit unseren Eltern nach Österreich gekommen und hier aufgewachsen. Wir sind sichtbar als Schwarze Frau und als Woman of Color, wir sind Aktivistinnen und Politikerinnen. Ein neues Gesicht österreichischer Politik. Eines, in dem sich andere vielleicht auch wiederfinden können. Auch deshalb erzählen wir unsere Geschichten.

Dabei ist es nicht so, dass wir immer einer Meinung sind. Wir streiten. Oft sogar. Weil wir unsere Überzeugungen mitbringen, mit viel Leidenschaft und auch etwas Sturheit. Und weil wir unterschiedliche Erfahrungen machen. Als lesbische Frau und als heterosexuelle Frau; als Woman of Color und als Schwarze Frau; als „Grüne“ und als „Rote“; als Politologin und als Ärztin. Es gibt viel, das uns unterscheidet. Aber das hindert uns nicht daran, das Verbindende finden zu wollen. Und so haben wir dieses politische Manifest geschrieben. Gemeinsam – und jede von uns auch aus ihrer eigenen Biografie und ihrer eigenen Perspektive heraus. Im Kapitel HERKUNFT erzählen wir abwechselnd von unseren frühen Erfahrungen mit Rassismus und Diskriminierung und darüber, welchen Umgang wir damit gefunden haben. In MUT beschreiben wir unsere Anfänge in der institutionellen Politik und die harte Realität des Wechsels aus dem politischen Aktivismus in die Parteipolitik. In VERÄNDERUNG geht es um unsere inhaltlichen Kernthemen, in denen wir uns engagieren und für die wir Forderungen formulieren: Eine Politik für alle, die hier sind. Im letzten Kapitel ZUKUNFT teilen wir gemeinsam unsere Empfehlungen für diejenigen, die sich für die politische Arbeit interessieren oder die institutionelle Politik auch für andere öffnen möchten.

Wir möchten Diskussionen anregen über *eine Politik für alle, die hier sind* – aber wir können das nicht allein machen. Auch wir haben unsere Auslassungen. Wir brauchen den Austausch mit Vielen, die Zusammenarbeit und die Bündnisse, um uns zu ergänzen, zu widersprechen, zu verändern, zu bewegen. Wir haben in diesem vergangenen Jahr viel zu zweit diskutiert. Über unsere Kindheit und Jugend, unseren Werdegang und unsere Zukunftspläne, unsere politischen Höhepunkte und Rückschläge. Wir möchten diese Gespräche öffnen und erweitern. Das, was uns durch den Alltag in der Politik trägt, ist unsere Verankerung in der Zivilgesellschaft, sind unsere Communities und Familien. Mit eurer Unterstützung sind wir hier. Wir sind mit Leidenschaft Politikerinnen und überzeugt davon, dass eine solidarische Politik möglich ist. In diesem Buch haben wir unsere Überlegungen dazu formuliert – und einen Teil unserer Geschichte selbst geschrieben. Mit zwei Stimmen und einer gemeinsamen Haltung: Alle, die hier sind, sind von hier.

1

HERKUNFT

Mireille Ngosso

DIE DAME IN SCHWARZ

Ich bin siebzehn Jahre alt und stehe am Hauptplatz von Wiener Neustadt, inmitten von dutzenden Menschen. Sie sind alle gekommen, um den Stern am Polithimmel mit eigenen Augen zu inspizieren. Genau wie meine Klasse. Wir haben gerade Freistunde und ein paar Mitschüler:innen beschlossen spontan: „Kommt, lasst uns die Rede von Jörg Haider anhören", der an diesem Tag vor versammelter Menge Wahlkampf für sein Weltbild macht.

Es geht um „Ausländer raus" und „Ihr gehört nicht zu uns". *Ihr*, das sind Menschen wie ich. Menschen, die Österreich als ihr Zuhause betrachten, aber nicht hier geboren wurden. Menschen, die keine andere Heimat kennen und denen trotzdem gesagt wird: „Ihr seid nicht willkommen."

Aus vollem Hals schreie ich „Buuuuh!" Genau wie meine Mitschüler:innen. Anders als sie gehe ich aber nicht in der Masse unter. Anders als sie steche ich hervor. Nicht aufgrund meiner schwarzen Lederjacke, meiner blauen Bluse oder meiner schwarzen Hose, sondern wegen meiner braunen Haut. Und als Haider genug von unseren Buhrufen hat, nutzt er genau dies, um mich vor versammelter Menge bloßzustellen.

„Die Dame in Schwarz braucht gar nicht ‚Buh' schreien! Sie soll lieber froh sein, dass sie in Österreich ist!" Diese Worte brüllt er ins Mikrofon, und noch während sie über den Hauptplatz dröhnen, drehen sich die ersten Köpfe um. Ich weiß nicht mehr, wie meine Klasse reagiert hat. Ich erinnere mich nur an die stechenden Blicke und daran, wie elend mir in diesem Moment zumute ist. Doch obwohl ich innerlich zittere, flammt Wut in mir auf. Sie gibt mir die Kraft, nicht davonzulaufen, sondern mit erhobenem Kopf stehen zu bleiben, bis Haiders Rede endlich zu Ende ist. Langsam löst sich die Versammlung auf und ich beobachte, wie er, flankiert von zwei Bodyguards, im nächsten Café verschwindet.

„Jetzt oder nie!", schießt es mir durch den Kopf und ich haste mit meiner Freundin Tamara hinterher. Vor dem Eingang bleibt sie stehen und drückt mir die Daumen. Als ich allein durch die Tür trete, hält mich einer der Bodyguards auf. „Was wollen Sie?", fragt er schroff. „Ich möchte mit dem Haider sprechen." Der Bodyguard blickt zu Haider. „Ja, passt, sie soll kommen."

„Wollen Sie einen Kaffee", fragt er, als ich ihm gegenüber auf den Stuhl plumpse. „Nein, danke." Ich will keinen Kaffee. Ich will wissen, was das eben sollte. Ich will ihm klarmachen, dass seine Aktion nicht okay war.

Seine Antwort lautet: Er habe ja nicht mich gemeint. Die „Dame in Schwarz", das könne jede sein. Aber ich weiß genau, dass er mich gemeint hat. Mit Sätzen wie „Sei froh, dass du hier sein darfst!" sind nun mal nicht meine Weißen Mitbürger:innen gemeint, deren Zugehörigkeit zu Österreich nicht infrage gestellt wird, sondern People of Color, also Menschen, die von der Mehrheitsgesellschaft als die „Anderen" markiert werden, aufgrund ihrer Hautfarbe, ihres Aussehens, ihres Namens, ihrer Religion oder Kultur. All das würde ich Haider gerne erklären, aber ich bin siebzehn Jahre alt. Ich kann meine Wut über diese Ungerechtigkeit noch nicht artikulieren und weiß nicht, wie ich gegen rechte Rhetorik und Populismus geschickt kontern kann. Ich kann meine Trauer über Rassismus nicht in adäquate Worte packen. Ich rede und rede, doch Haider verdreht mir die Worte im Mund und setzt sie gegen mich ein. Ich bin verunsichert und wütend, während sein Grinsen immer breiter wird. Irgendwann reicht es mir. Ich springe auf und will davonstürmen. „Nur zu Info: In unserem Land verabschiedet man sich!", ruft mir Haider nach.

Das gibt mir den Rest. In diesem Moment spüre ich deutlich, was mir viele Menschen seit Jahren implizit vermitteln: Mireille, du musst aus diesem Land verschwinden. Du bist in Österreich unerwünscht. Du wirst nie selbstverständlich hierher gehören, sondern immer die „Andere" sein, der erklärt werden muss, wie sie sich zu verhalten hat, und die selbst dann nicht als selbstverständlicher Teil der Gesellschaft akzeptiert wird, wenn sie sich an alle Spielregeln hält. Dieses Gefühl begleitet und prägt mich und wird noch stärker, als ich ein paar Jahre später gemeinsam mit 150.000 Menschen durch die Wiener Innenstadt ziehe, um gegen die erste Schwarz-blaue Koalition zu demonstrieren. Die Stimmung unter meinen Freund:innen an diesem kalten Wintertag ist gedrückt. Sie sind schockiert, deprimiert, ernüchtert. Wir haben Angst und fragen uns: „Gibt es in diesem Land eine Zukunft für uns?" In den folgenden Jahren kehren viele meiner afro-österreichischen Bekannten Österreich den Rücken. Sie gehen nach Frankreich, Großbritannien oder nach Amerika, um sich dort ein besseres Leben aufzubauen. Auch ich beschließe fortzugehen. Nachdem ich meine Matura absolviert habe, verlasse ich Österreich mit dem Gedanken: „Ich komme nie wieder hierher zurück." Doch kaum bin ich in London angekommen, spüre ich, dass Wien meine Heimat ist. Keine Frage: London ist überwältigend und beeindruckend. In dieser Metropole finde ich mich wieder. Meine Nachbar:innen sehen aus wie ich. Meine Lehrkräfte kommen aus aller Welt. Ich kann in die nächste Drogerie gehen und Pflegeprodukte für mein Haar kaufen, genauso wie Make-up in meiner Hautfarbe. Packt mich plötzlich der Hunger auf frittierten Yams mit Kochbananen, muss ich nicht erst dreißig Minuten in den Exotic-Shop pendeln, sondern bloß zum Supermarkt um die Ecke laufen. Wie schön wäre es, wenn ich auch beim Spar Lebensmittel aus Afrika in meinen Einkaufswagen legen könnte und in den Regalen vom DM Shampoos, Conditioner und Kämme für meine Afrolocken finden würde. Bis heute träume ich davon. Trotz all dieser Vorzüge vermisse ich Wien. Die schönen Bauwerke, die guten Verkehrsanbindungen, das köstliche Trinkwasser, der Wiener Schmäh, ja selbst der Wiener Grant geht mir ab und ganz besonders das leckere Essen. Kürbiskernöl, Gulasch, Sachertorte, all das finde ich in London nicht. Meine Rettung ist die Mama meiner Mitbewohnerin. Eine begnadete Köchin, die uns mit Semmelknödeln und Geselchtem, mit Sauerkraut und Strudel verwöhnt. Wenn mit ihr der Duft nach warmen Äpfeln und Zimt durch die Eingangstür hereinweht, freue ich mich wie ein kleines Kind. Häppchenweise frieren meine Mitbewohnerin und ich die Leckerbissen ein und tauen sie an unseren Wien-Abenden auf. Alle paar Wochen, wenn uns wieder das große Heimweh packt, versammeln sich meine österreichischen Freund:innen und ich in unserer Wohnung, schalten „I am from Austria" ein und spielen anschließend die Songs von Rainhard Fendrich und Wolfgang Ambros rauf und runter, bevor wir uns für eine Folge „Kaisermühlen Blues" auf die Couch verziehen. Das sind wundervolle Momente, die mir deutlich vor Augen führen: Ich muss zurück nach Österreich!

Klar, London hat viel zu bieten und mir neue Perspektiven und Türen eröffnet. Ich studiere an der Kingston University Biomedical Science und entdecke so meine Leidenschaft für die Medizin. Aber London ist auch laut und hektisch. Wien dagegen gemütlich und überschaubar. Bei uns kann man auch mit wenig Kohle ein gutes Leben führen, eine Gemeindewohnung beantragen, ohne Studiengebühren studieren. Museen, Konzerte und Festivals oft kostenlos genießen, mit seinen Freund:innen in liebevoll gepflegten Parks chillen oder zum Schwimmen an die Alte Donau radeln. Kein Wunder, dass Wien in den City-Rankings immer wieder zur Stadt mit der höchsten Lebensqualität gewählt wird. Natürlich gibt es auch bei uns Probleme. Mir ist bewusst, das Leben in Wien wird nicht nur rosig. Trotzdem kann ich mir keine bessere Stadt vorstellen, um später einmal mein Kind großzuziehen. In Großbritannien gibt es zwar mehr Menschen wie mich und es ist schön, mehr Menschen mit meiner Hautfarbe auf der Straße, auf der Uni und in den Medien repräsentiert zu sehen. Trotzdem fühle ich mich dort nicht zugehöriger. Und warum? Weil ich eine Wienerin bin, oder genauer gesagt: eine Österreicherin mit kongolesischen Wurzeln.

Im Ausland ging mir auf, was ich vorher nicht sehen konnte: Es ist egal, was andere denken. Es ist egal, dass es Menschen gibt, die glauben, dass ich mit meiner Hautfarbe keine „echte Österreicherin“ sein könne. Tief in meinem Herzen weiß ich, dass das nicht stimmt, und solange ich fühle, dass Österreich meine Heimat ist, gehöre ich hierher.

Ich muss mich auch nicht für eine Wurzel entscheiden, ich darf viele haben. Sie alle machen mich aus. Wir dürfen uns nicht entzweien lassen. Nicht in unserem Inneren und nicht in unserer Gesellschaft. In Wien allein hat fast die Hälfte der Einwohner:innen eine Migrationsbiografie, und das ist wundervoll. Es gibt Hunderttausende von uns. Auch wir sind Österreich.

Faika El-Nagashi

ES WAR EINMAL

„Aber ihr seid sicher Kopten", stellte ein flüchtiger Bekannter abends in einem Lokal fest. Es war keine Frage, es war eine Feststellung, im besten Fall eine unausgesprochene Bitte, diese Zuschreibung anzunehmen und uns beiden eine Diskussion und etwaigen Dissens zu ersparen. Um ehrlich zu sein hatte ich damals keine Ahnung, wer oder was Kopten sind, und schon gar nicht, ob wir, also meine Familie, das nun waren oder nicht. „Ja, ja, sicher!" war meine Antwort in der Annahme, dass ich damit *safe* war, und ich erhielt die Bestätigung umgehend: Zufriedenheit und Erleichterung zeigten sich im Gesicht meines Gesprächspartners. Offensichtlich sah sich mein Gegenüber selbst als großer Experte für Ägypten und die verschiedenen religiösen Gruppen, sodass er sogleich meine Herkunft kontextualisieren und wichtige Entscheidungen für mich treffen konnte: Willst du hier dazugehören, dann seid ihr Kopten.

Wir sind aber Muslime. Und Musliminnen. Eine Zugehörigkeit, die damals schon – und heute, also nach 9/11, noch viel mehr – Projektionsfläche für Ängste und Abwertung bietet. Aber: Wir sind Muslim:innen aus Ägypten. Das heißt, im Grunde sind wir Pharaonen aus der Wiege der Welt. Damit ist mit etwas Glück (und je nach aktueller politischer Lage) das Wohlwollen eventuell wiederhergestellt. Pharaonen welcome!

Fragen nach Heimat, nach Wurzeln, nach Zugehörigkeit sind persönliche und intime Fragen. Danach, was mir wichtig ist und warum. Was mich ausmacht. Nach meiner Identität. Wie sehe ich mich und mit wem fühle ich mich verbunden? Es sind aber auch politische Fragen, und ich meine nicht Identitätspolitik. Es ist eine Illusion zu glauben, nur Menschen wie Mireille und ich, die auf eine bestimmte Art „markiert" werden, brächten ihre Biografien, ihre Erfahrungen oder ihre Überzeugungen in die Politik mit ein. Bei scheinbar „Unmarkierten" bleibt das nur unsichtbar und unbenannt. Wir sind diejenigen, die von dieser verdeckt gehaltenen Norm abweichen, auffallen und uns meist in Bezug dazu erklären müssen.

Meine Herkunft ist ein Märchen. Eines, in das ich gedrängt werde. Aber auch eines, das ich (mir) selbst erzähle. Jedes Mal aufs Neue und bald auch meinem Sohn. Es sind die Bewertungen meiner Geschichte(n) und auch der Motivation, mit der ich sie erzähle, die es zu einer ständigen Prüfung machen. Die Abwertungen und auch die Aufwertungen. Und natürlich die politische Verwertung.

Wo komme ich also her? Ich bin in Ungarn geboren und war bis kurz vor meinem 18. Geburtstag Ungarin. Also: Puszta und Gulasch und Csárdás, Magyaren und Husaren. Aber auch Thermenbesuche, Shoppingtrips und Mehlspeisen. Kurzum: Ungarn ist eigentlich immer noch k.u.k., also eh schon als Teil von Österreich diesem einverleibt. „Aber wie eine Ungarin siehst du nicht aus!" Doch. Schau genau. Aber ja, auch in Ungarn muss ich eine Geschichte erzählen.

„Wo kommst du her?" ist wohl die am meisten aufgeladene Frage für uns. Wir – das sind all jene, denen die Zugehörigkeit zum Wir der Mehrheitsgesellschaft abgesprochen wird. Weil wir nicht „österreichisch" genug seien. Wegen unserer Hautfarbe, dem Geburtsland, der Erstsprache oder der Religion. Die Frage trifft uns regelmäßig wie ein Eintrittstest. Daher kann sie auch vor jeder anderen Frage kommen, vor einer Bekanntschaft oder gar Freundschaft, vor irgendeinem Bezug zueinander oder einer Beziehung. Ein immer wiederkehrender Test, unangekündigt, mit einer Vielzahl selbsternannter Prüfer:innen. In der Schule, auf der

Uni, beim Fortgehen, in der Arbeit, bei einem Interview, auf dem Amt, vor der Haustüre, bei der Haltestelle. Eine Prüfung in mein Leben hinein, die zu jedem Zeitpunkt möglich ist – und von mir auch erwartet wird. Nochmal mehr als österreichische Politikerin.

Wo komme ich wirklich her? Ich komme aus Simmering. Geiselbergstraße. Substandardwohnung zwischen Simmeringer Markt und Herderpark. Fremd habe ich mich erst am Land gefühlt, in einem kleinen Dorf in Niederösterreich, wo wir hingezogen sind, als ich ein Teenager war. Deutsch gelernt habe ich im Kindergarten und auch noch in der Volksschule gab es Wörter, die ich nicht kannte. Scheune. Skifahren. Turbine. Und Feiertage. Leopold, zum Beispiel. Da standen wir schon mal vor verschlossenen Schultoren, weil unsere Mutter dachte, dieser österreichische Feiertag wäre nur eine kindliche Erfindung zum Schuleschwänzen.

Für meine Eltern war es nicht einfach. Es waren die 1980er Jahre in Österreich, und was wir erlebt haben, kennen viele Familien mit Migration in ihrer Geschichte nur zu gut. Beleidigungen durch die Kindergärtnerinnen, Beschimpfungen auf der Straße und an der Supermarktkassa. Mein Vater hat jeden Job gemacht. Er war Amateurboxer, Schweißer bei Mercedes Benz, verkaufte Luftballons im Prater, war Geschäftsreisender, vertrieb T-Shirts und Polohemden aus der Türkei in den österreichischen Einzelhandel und belieferte schließlich über seine eigene Firma große Baustellen in Wien mit Fenstern, Türen und Parkettböden. Wir zahlten eine überteuerte Miete für die viel zu kleine Wohnung. Und im Sommer lieferten wir Autoladungen voller Schokolade, Cola, Kaugummi und Bananen bei unseren Verwandten im damals noch kommunistischen Ungarn ab. Viel beschwichtigen und ertragen. Für die Kinder. Meine Mutter war zuvor in Ungarn berufstätig, dann aber mit meinem jüngeren Bruder und mir zu Hause. Irgendwann kamen wir aus dem Kindergarten zurück und sprachen mehr Deutsch als Ungarisch. Meine Mutter lernte dann mit Wörterbuch und Schulfernsehen mit uns Deutsch. Gute Schulnoten wurden als selbstverständlich vorausgesetzt. Alle würden sich anstrengen. Wir würden es hier schaffen. Für weniger gab es kein Verständnis.

„Wo kommst du her?" ist keine neutrale Frage. Es ist eine Kontrollfrage. Eine Bewertung der Ebenen von Zugehörigkeit. Es ist klar, wer Teil dieser österreichischen Gesellschaft ist und wer nicht. Christlich: Ja. Muslimisch: Nein. Deutsch: Ja. Arabisch: Nein. Weiß: Ja. Schwarz: Nein. Wir *Anderen* stehen unter permanenter Beobachtung und Einordnung. Wo kommen wir her, wer sind wir, was dürfen wir. Wir sind die zu Integrierenden, und ob uns diese Pflichtübung gelungen ist, entscheiden andere für uns. Sie beschreiben uns – faul, fleißig, brav, schlimm – und beurteilen unsere Leistung und unser Leben. Aber was passiert, wenn wir das nicht länger hinnehmen? Wenn wir widersprechen – und selber sprechen?

1994 saßen wir in einem Zimmer auf der Bezirkshauptmannschaft in Gänserndorf und bekamen die österreichische Staatsbürgerschaft verliehen. Ich war 17, mein Bruder ein Jahr jünger. Weil wir noch nicht volljährig waren, wurde die Staatsbürgerschaft über unsere Eltern auf uns „erstreckt". Sie mussten dafür ihre ungarische bzw. ägyptische Staatsangehörigkeit abgeben. Für mich war es nur ein Pass, für meine Eltern ein Teil ihrer Lebensgeschichte. Mein Vater musste eine Gelöbnisformel vorlesen und ich verkrampfte innerlich. Mein Vater ist kein großer Leser. Schon gar nicht hochtrabender Gelöbnisformeln. Lesen und Schreiben hat er auf Arabisch gelernt. Er spricht gefühlt ein Dutzend Sprachen – alle gut genug, um das Gegenüber immer zu beeindrucken. Rumänisch, Türkisch, Ungarisch, Englisch. Selbstverständlich Deutsch. Aber als er vor der Beamtin stand, mit diesem Zettel in der Hand und seiner Lesebrille auf der Nase, in diesem Moment zählten nicht seine Erfahrung, sein Können oder sein Wissen. Es zählte nur dieser eine Absatz und das richtige Verlesen von Worten, die uns nun auf magische Weise in ein neues *Wir* einfügen würden. Ein weiterer Eintrittstest, diesmal mit viel Theater. Die Performance von Integration. Ich war erleichtert, dass ich selbst keine Rolle spielen musste. Ich hätte mich glatt geweigert, so wütend war ich.

Ich hatte Glück. Ich maturierte noch als Ungarin und begann wenige Monate später mein Studium als Österreicherin. Ohne den Stress, meinen Aufenthaltstitel verlängern oder meinen Studienerfolg nachweisen zu müssen. Gleichgestellt mit meinen österreichischen Studienkolleg:innen. Mit derselben Möglichkeit zu reisen und zu wählen. Und gewählt zu werden. Mir überhaupt vorstellen zu können, mich für ein politisches Amt zu bewerben. 25 Jahre, nachdem wir eingebürgert wurden, konnten meine Eltern bei der Nationalratswahl 2019 meinen Namen auf dem Wahlzettel ankreuzen und mich ins Parlament wählen.

Unsere Herkunft ist ein Märchen. Eines, in das uns das Gegenüber drängt. Aber auch eines, das wir (uns) selbst erzählen. Jedes Mal aufs Neue und bald auch unseren Kindern. „Wo kommst du her?“ ist keine verbotene Frage. Vor allem dann nicht, wenn die Antwort egal ist. Wenn wir uns kennen. Wenn zuerst ein „Wie geht’s dir?“ kommt. Wenn wir beide etwas Verbindendes zwischen uns gefunden haben. Wenn wir mehr voneinander wissen wollen. Wenn ich sagen kann, dass ich aus Wien-Simmering komme. Und aus Ungarn. Oder aus der Moschee. Und jetzt gerade aus der Arbeit. Wenn meine Identität komplex und meine Heimat an mehreren Orten gleichzeitig sein darf. Meine Sprachen vielfältig und widerständig. Wenn es kein Platzverweis ist, sondern das Öffnen von Räumen. Wenn ich selbst darüber entscheide, wem ich wann was über mich und mein Leben erzähle. Wenn ich bestimmen kann, was Integration ist. Wenn wir uns nicht mehr beweisen müssen.

Unsere Herkunft ist unsere Geschichte. Wir schreiben sie jeden Tag.

Mireille Ngosso

WER BIN ICH?

„Wer bin ich?" Auf diese Frage erwarten manche als Antwort: „das Flüchtlingskind aus dem Kongo". Ehrlich, selbst als Erwachsene werde ich manchmal noch als das arme Kind vom Kontinent Afrika dargestellt, nicht als Ärztin, Mutter und Politikerin. Für mich ist das sehr befremdlich. Ich frage mich dann immer: Wieso wollt ihr mich auf meine Herkunft fixieren? Wieso wollt ihr mich nur in einer Rolle sehen und andere Teile meiner Persönlichkeit ausblenden?

Natürlich bin ich auch das Kind, das mit vier Jahren in Traiskirchen ankam, auch wenn ich mich an meine Zeit dort nur mithilfe der Erzählungen meiner Mutter erinnern kann. Aber in meinem Leben musste ich in viele Rollen schlüpfen. Sie alle machen mich aus.

Als Ältestes von vier Kindern lernte ich früh, Verantwortung zu übernehmen, denn ich musste oft für meine Mama einspringen: die Windeln meiner Geschwister wechseln, sie in den Kindergarten bringen, von der Schule abholen, für sie Mittagessen kochen, ihnen bei den Hausaufgaben helfen und das Freizeitprogramm für sie organisieren. Als Zwölfjährige überforderten mich diese Aufgaben. Natürlich wäre ich im Sommer lieber mit meinen Freund:innen im Hof herumgetollt, statt die quengeligen Racker bei Laune zu halten und ihre Babysitterin zu spielen.

Ich mache meiner Mutter aber keine Vorwürfe. Sie hat immer ihr Bestes für uns gegeben. In einem kleinen Dorf in der Demokratischen Republik Kongo hat sie das Licht der Welt erblickt und als Tochter eines Postlers ein gutes Leben geführt, bis sie in die Hauptstadt zog. Statt die Schule zu besuchen, musste sie in Kinshasa die Wohnung ihres Bruders putzen und auf seine Kinder aufpassen. Ihr Ausweg war mein Vater, den sie bereits mit fünfzehn Jahren kennenlernte. Gemeinsam kämpften sie gegen den Diktator Mobutu und flüchteten 1984 nach Österreich, als sich die politische Lage immer mehr zuspitzte. Ein neues, gutes Leben für uns aufzubauen, verlangte meinen Eltern nicht nur Mut, sondern auch harte Arbeit ab. Gerade die Anfangszeit war herausfordernd. Das Geld reichte hinten und vorne nicht. Meine Eltern ackerten Tag und Nacht für ein Dach über unseren Köpfen. Mein Vater arbeitete zunächst als Prospektverteiler. Er schmiss Flyer und Flugblätter in Postkästchen, während er mich Häuserblock für Häuserblock in einer Trage auf dem Rücken mitschleppte. Später fand er einen Job in einer Textilfabrik. Meine Mutter kümmerte sich um meine Geschwister und mich und arbeitete zunächst als Reinigungskraft und später als Verkäuferin. Ihre wenigen freien Stunden nutzte sie, um Bekannten Braids und Cornrows, afrikanische Flechtfrisuren, zu flechten. Nach und nach legte sie so Geld beiseite, bis ich in die erste Klasse Gymnasium wechselte und sie sich mit ihrem Ersparten einen Friseursalon in der Fasangasse mieten konnte. Kurz nachdem meine Mutter das Afro-Center eröffnet hatte, ging die Firma meines Vaters in Konkurs. Er blieb zuhause, während meine Mutter das Geld verdiente, und das bedeutete für meine Geschwister und mich, dass wir uns nun Tag und Nacht vor dem Zorn unseres Vaters fürchteten. In dieser Zeit war ich still und zurückgezogen. Ich tat, was mein Vater mir sagte und versuchte, mich so unauffällig wie möglich zu verhalten, denn wenn mein Vater wütend wurde, drohte Gewalt. Ich möchte meine Geschichte erzählen, weil ich weiß, viele Frauen teilen das gleiche Schicksal. Viele Familien befinden sich in einer ähnlich schwierigen Situation. Ich will, dass jede Frau weiß, dass sie sich Beratung und Unterstützung holen kann, um sich gegen die Gewalt in ihrem

Leben zu wehren. Meine Mutter hatte damals kaum Geld und kein soziales Umfeld, das sie auffangen konnte. Es hat Jahre gedauert und meine Mutter viel Kraft gekostet, bis sie sich und uns helfen konnte. Kurz bevor sie den Entschluss fasste, meinen Vater endgültig zu verlassen, sahen wir uns gemeinsam ein Frauenhaus an. In einer Nacht-und-Nebel-Aktion nahm meine Mutter meine kleinen Geschwister an die Hand und wagte mit uns den Schritt in ein neues Leben. Ich war damals fünfzehn Jahre alt und der Einzug ins Frauenhaus eröffnete mir Freiheiten, die ich vorher nicht gekannt hatte. Ich ging abends ohne Angst vorm nächsten Tag ins Bett, durfte Freund:innen treffen und ins Kino gehen. Kurz, zum ersten Mal in meinem Leben durfte ich selbst entscheiden und mich entfalten. Das war eine Herausforderung für mich, denn ich war es nicht gewohnt, eigenständige Entscheidungen zu treffen und musste erst lernen, wie man ein selbstbestimmtes Leben führt. Ich habe lange gebraucht, um diese schmerzvollen Erfahrungen zu verarbeiten. Eine Sache konnte ich mir aus dieser schwierigen Zeit aber mitnehmen: Als Kind musste ich mich ständig auf die Gefühle meines Vaters einstellen. Kaum betrat ich die Wohnung, tastete ich die Atmosphäre ab: Wie war mein Vater heute drauf und wie musste ich mich verhalten, um für eine entspannte Stimmung zu sorgen?

Diese aus der Not geborene kindliche Fähigkeit verwandelte ich im Erwachsenenalter in eine Stärke. Heute nutze ich meine Empfänglichkeit für Gefühle, um für meine Freund:innen da zu sein. Auch ohne Worte kann ich oft in ihren Gesichtern lesen und spüren, wenn es ihnen nicht gutgeht. Frage ich dann: „Was ist los? Irgendwas stimmt doch nicht?", ziehen sie überrascht die Augenbrauen in die Höhe und wundern sich: „Woher weißt du das?"

Die Traurigkeit anderer Menschen geht mir besonders nahe, weil ich aus eigener Erfahrung weiß, was es heißt, am Tiefpunkt angekommen zu sein und nicht mehr weiter zu wissen. Mit siebzehn brach ich die Schule ab, weil mir meine Lehrkräfte versicherten: „Aus einer wie dir wird sowieso nichts." Ich habe gekellnert, im Callcenter gejobbt und mich als Verkäuferin über Wasser gehalten. Am Monatsende lebte ich oft von Reis oder Kartoffeln mit

Pesto, weil kein Euro mehr auf meinem Konto lag. Ich habe tagsüber gehackelt und nachts in der Abendschule gepaukt, um auf dem zweiten Bildungsweg die Matura nachzuholen und das Medizinstudium zu beginnen.

Dieses ständige Sich-Aufraffen, Weitermachen, Hinfallen und Wieder-Aufstehen brachten mich ans Ende meiner Kräfte und stürzten mich in eine Depression, die so schlimm wurde, dass ich mein Leben nicht mehr bestreiten konnte. Ich war es gewohnt, zu funktionieren und keine Schwäche zu zeigen. Dies hatte ich zu Hause gelernt. Es war der Überlebensmodus, den ich internalisiert hatte. Jahrelang trug ich eine Maske. Äußerlich lachte ich, aber innerlich war ich zerbrochen. Die Folge davon war der komplette Zusammenbruch. Ich zog mich vollkommen aus meinem sozialen Leben zurück. Die Geister der Vergangenheit ließen mich nicht los und hinderten mich daran, weiter voranzugehen. Eine unendliche Müdigkeit ergriff mich, deshalb verbrachte ich meine Tage meist im Bett. Irgendwann kam der Punkt, an dem ich wusste, dass es so nicht weitergehen konnte.

Ein bewegendes Gespräch war schließlich mein Weckruf. Ich wusste, ohne therapeutische Hilfe würde ich es nicht schaffen. Tägliche Psychotherapie-Stunden haben mir schließlich aus diesem Loch geholfen und mein Leben gerettet.

So wie es mir ging, geht es auch anderen. Viele Menschen werden von Depressionen geplagt. Doch nur wenige trauen sich, offen darüber zu sprechen. *Mental health* ist noch immer mit einem Stigma behaftet. Es ist wichtig, dass wir über dieses Thema reden, damit Betroffene den Mut haben, sich rechtzeitig Hilfe zu suchen. Wir machen alle schwierige Zeiten durch. Sich von Sorgen und Ängsten nicht hinunterziehen zu lassen, kostet enorm viel Kraft. Manche von uns begegnen Hürden, die andere Menschen sich nicht einmal vorstellen können. Sich in herausfordernden Zeiten Hilfe zu suchen ist keine Schande, sondern ein Zeichen von Stärke.

Ich bin unendlich dankbar für die Unterstützung, die ich durch meine Familie, meine Freund:innen und meine Therapeut:innen erhalten habe. So konnte ich wieder aufstehen, die erlernten Tools anwenden und mein Leben erfüllen. Ich habe mein Medizinstudium wieder aufgenommen und es auch abgeschlossen. Niemand hat mir das zugetraut. Trotzdem stehe ich heute aufrecht da und will für alle kämpfen, denen es heute so geht wie mir damals. Und das bedeutet für mich, über Tabus zu sprechen, über Rassismus, Gewalt gegen Frauen, Mental Health und ökonomische Ungleichheit.

Nicht allen gefällt das. Vielen bin ich zu „laut", zu „radikal", zu „aufrührerisch". Wenn ich solche Worte höre oder lese, stutze ich im ersten Moment selbst. „Gehe ich zu weit?", frage ich mich dann. „Fordere ich zu viel? Bin ich zu emotional?" Manchmal erwische ich mich sogar dabei, wie ich die Perspektiven meiner Gegner:innen übernehme und mich als „laut" und „störend" bezeichne, weil ich offen über Themen spreche, die für manche Menschen unbequem sind. Zum Glück habe ich energische Freund:innen, die mir in diesen Momenten den Kopf zurechtrücken und mir klar machen: „Nur weil andere dich als ‚übersensible Frau' oder als ‚angry black woman' abstempeln, darfst du dir nicht den Mund verbieten lassen!" Hören wir auf, uns durch ihre Augen zu betrachten. Wir sind nicht zu laut oder zu radikal, weil wir es wagen, Sexismus, Rassismus, Ableismus, Klassismus, Queerfeindlichkeit, kurz: Diskriminierung anzuprangern. Wir stehen bloß für uns selbst und füreinander ein. Es ist verdammt nochmal in Ordnung, wenn wir über unsere Lebensrealitäten sprechen und einfordern, verstanden und gehört zu werden. Nur so können wir Stereotype brechen und aus den Schubladen ausbrechen, in die uns andere stecken wollen.

Faika El-Nagashi

LESBEN SIND IMMER UND ÜBERALL[1]

Kaum etwas beschäftigte mich als Teenager mehr als mein Coming-out. Wir lebten in einem kleinen Dorf in Niederösterreich und die meiste Zeit über kannte ich mich nicht aus. Feuerwehrheuriger, Sportlerball, Tombolaspenden, Scheunenparties – es gab keine Einführung in „das Leben am Land" für uns als zugezogene Familie mit Migrationsbiografie. Meine Eltern bemühten sich sehr. Sie versuchten, sich in die Gepflogenheiten einzuklinken, fuhren mich mit dem Auto zu Veranstaltungen von Dorf zu Dorf und fragten mich nie nach einem Freund. Ich schwieg ebenso dazu. Es war, als ob wir ein stilles Übereinkommen hätten. Hin und wieder ging ich zur Katholischen Jugend, für deren junge Leiterin ich schwärmte, und den halben Tag hing ich vor dem Fernseher, in dem der Musiksender MTV lief, der uns Michael Jackson und Madonna ins Wohnzimmer brachte. Wir lebten zu der Zeit in einem Haus mit Garten und zwei Hunden – der österreichische Traum. Aber meine Noten waren durch den Schulwechsel ein paar Jahre zuvor im Keller und ich schlitterte in ein Jahr der Zurückgezogenheit und Depression.

Das Wort „lesbisch" hatte ich zum ersten Mal bewusst einige Jahre davor wahrgenommen, als es dabei um mich selbst ging. Ich war zwölf Jahre alt und in meine Lateinlehrerin verliebt. Ein Klassiker, wie ich mittlerweile weiß. Vorteil: Freude am Deklinieren von Vokabeln und ziemlich gute Noten. Nachteil: völliges emotionales Chaos. Ich brachte gedankenverloren meine innere Aufgewühltheit zu Papier und es kam, wie es kommen musste: Mein kleiner Bruder entdeckte einen der zerknüllten Zettel und lief damit zu meiner Mutter. Da hörte ich zum ersten Mal bei uns zu Hause das Wort, das bei mir Furcht und Scham auslöste. *Lesbisch.* Es folgten viele Tränen und Dementi und ich war danach penibel darauf bedacht, jedes Gespräch darüber in der Familie zu vermeiden. Und gleichzeitig versuchte ich, überall sonst so viel wie möglich darüber in Erfahrung zu bringen. „Überall sonst" war recht begrenzt. Es war Anfang der 1990er Jahre – es gab weder YouTube noch Instagram, Facebook oder Wikipedia. Es gab überhaupt kein Internet bei uns. Was mich vor allem beschäftigte: Was war das genau, wovor ich solche Angst hatte? Worum ging es da? Warum hatte ich Interesse an etwas – an Frauen – und gleichzeitig das Gefühl, es wäre etwas Verbotenes? Ich war damit doch sicher nicht alleine! Schließlich gab es immer wieder Anspielungen darauf in Filmen, in Liedern, in Büchern. Nur starben die Frauen dann meist oder endeten sehr unglücklich, wenn sie zu selbstbestimmt und zu sichtbar wurden und nicht im „Subtext", also zwischen den Zeilen, blieben. Es war eine sehr frustrierende Zeit, in der lesbische Frauen in Filmen und Büchern nie ein Happy End bekamen. Sie waren Vampire oder kriminell oder (psychisch) krank. Ihre Charaktere waren nie ansprechend oder attraktiv. Oder ein Vorbild. Ich kannte niemanden wie mich, konnte mit niemandem darüber sprechen und das Wort, das es für Menschen wie mich gab, schien ein Platzhalter für unverhohlene Frauenverachtung zu sein. Ich brauchte einen guten Plan, um da rauszukommen.

Als ich ein Jahr später, mittlerweile 17, im Badezimmer in den Spiegel sah, war es eine gewisse Schicksalsergebenheit, mit der ich für mich selbst formulierte: „Gut. Dein Vater ist Schwarz, deine Mutter ist Weiß. Der eine Teil der Familie ist muslimisch, der andere ist katholisch. Wir sind Migrant:innen – und lesbisch bist du auch noch!" Es war wie ein schlechter Scherz und ich empfand es anfangs als drückende Last. Aber es war ein langes Jahr, in dem ich mich mit all der Unsicherheit und Verzweiflung konfrontiert hatte und letztlich entschied, dass ich mich dem stellen musste und würde. Ich war am Tiefpunkt. Es musste bergauf gehen.

Am schlimmsten war auf diesem Weg das Fehlen von Bildern von „echten" lesbischen Frauen. Dann erschien 1992 das Video zum Song „Constant Craving" der kanadischen Sängerin k.d. lang, mit dem sie einen Preis nach dem anderen abräumte. Es war für mich eine Offenbarung. K.d. lang war selbstbewusst und charismatisch, sexy und verführerisch, humorvoll und erfolgreich. Sie war androgyn und verwegen und trug Hemden und Anzüge und war unverhohlen lesbisch. Lesbisch. Lesbisch! Plötzlich begehrenswert. Plötzlich vorstellbar. Plötzlich sichtbar.

1997 hatte Ellen DeGeneres in einer Doppelfolge ihrer Sitcom „Ellen" ihr Coming-out und wurde damit die erste lesbische Hauptfigur in einer US-Fernsehserie. Im Privatfernsehen liefen Talkshows mit Titeln wie „Hilfe, mein Kind ist schwul!" oder „Ich werde nicht damit fertig, dass meine Tochter lesbisch ist". 1999 wurde Ulrike Lunacek die erste offen lesbische Nationalratsabgeordnete in Österreich. Und ich? Ich war von 1996 bis 1999 die erste Referentin am damals neu gegründeten Referat für „homo-, bi- und transsexuelle Angelegenheiten" an der Studierendenvertretung (ÖH) der Universität Wien. In den Jahren darauf organisierte ich Aktionswochen und Workshops und Diskussionsveranstaltungen und Feste, gründete Vereine, marschierte auf Demos und auf Paraden mit und tanzte auf Regenbogenbällen. Ich wurde lesbische Menschenrechtsaktivistin und schließlich lesbische Politikerin.

Es ging dann schnell und ist nun schon lange her, aber ich weiß, dass es auch heute noch vielen Jugendlichen so geht wie mir damals. Egal, ob sie am Land oder in der Stadt wohnen, aus konservativen oder vermeintlich progressiven Familien kommen, in Österreich und in so vielen anderen Ländern der Welt noch mehr. Vorbilder sind wichtig – und Sichtbarkeit! Auch heute noch kenne ich viele Frauen, die sich selbst nicht als lesbisch bezeichnen möchten, die gar keine Kategorie für sich wählen oder lieber *queer* sind. Über all die Jahrzehnte der Kämpfe lesbischer Frauen, lesbisch-feministischer Frauen und der lesbisch-schwulen Bewegung ist es nicht gelungen, die Abwertung loszuwerden, die bei dem Wort *Lesbe* mitschwingt: Mannweib, Männerhasserin, Kampflesbe, Emanze. Frustriert, aggressiv, hässlich, gefährlich. Und gleichzeitig Objekt pornografischer Männerfantasien. Abwertung und Verfolgung. Auch das ist nach wie vor Realität. Unter anderem in Ägypten. Erst Jahre nach meinem Coming-out habe ich von Schwarzen lesbischen Frauen gehört. Stormé DeLarverie, Audre Lorde, Alice Walker, Angela Davis, Tracy Chapman, Marla Glen. Und arabische? Und muslimische? Wer kennt sie? Welche Sichtbarkeit haben sie? Unser Lesbischsein ist keine Selbstverständlichkeit. Unsere Sichtbarkeit ist keine Selbstverständlichkeit. Als lesbische Frau sichtbar zu werden, bedeutet, mich auch als solche zu exponieren. Und damit mehr Möglichkeiten und mehr Bilder davon zu schaffen, wie Frauen, wie Lesben, wie Migrantinnen, wie Women of Color aussehen. Die Zuschreibungen über Bord zu werfen und sie zu überschreiten. Die Grenzen dessen, wie eine Frau – eine Politikerin! – wäre oder sein sollte, nicht hinzunehmen.

Mein Lesbischsein war in meiner Familie kein großes Thema. Aber lange war es vor allem das: kein Thema. Im Februar 2021 ist mein lieber Onkel Ahmed in Ägypten an COVID-19 verstorben, und tragischerweise wenige Wochen danach auch sein Sohn Amir, mein Cousin, bevor ich ihnen erzählen konnte, dass meine Partnerin und ich einen Sohn haben. Schweigen gegenüber den ägyptischen Verwandten, bloß keine Diskussionen mit den ungarischen Verwandten. Weder da noch dort würde ich Begeisterung oder auch nur Unterstützung erfahren (meine geliebte ungarische Großmutter bildet eine kostbare Ausnahme). Homosexualität ist für sie nicht richtig – ob muslimisch oder (post-)kommunistisch argumentiert. Auch deswegen sind mir internationale, transnationale, globale Netzwerke und Kämpfe so wichtig. Die betroffenen Communities in anderen Ländern, auch „meinen“ Ländern, nicht zu vergessen.

Mit Mitte zwanzig bezeichnete ich die Auseinandersetzung mit meiner sexuellen Orientierung als mein erstes Coming-out. Es folgten noch weitere Identitäten, zu denen ich erst finden und deren Namen ich mir aneignen musste. Als Frau. Als Frau mit einer Migrationsbiografie. Mit einer sichtbaren Migrationsbiografie. Als Woman of Color. Als lesbische Woman of Color. Niemand von uns hat nur eine Identität – oder immer dieselbe. Wir verändern uns und die Bezugspunkte, die uns wichtig sind, verschieben sich. Neue kommen hinzu. Andere verschwinden. Manche bleiben auch gleich.

Anfang 2021 fand ich in einem Magazin eines Vereins zur „Förderung der Information über Schwule, Lesben und Transgender-Personen" einen Beitrag zum Thema „Lesben in unserer Gesellschaft", der zu dem Schluss kam, dass Lesben nicht wirklich sichtbar seien. Für mich eine schockierende Feststellung, hätten wir es doch schon lange schaffen müssen, die Vielfalt unter lesbischen Frauen sichtbar zu machen. Themen gäbe es mehr als genug. Jugend und Altern, Wohnen, Gesundheit, Arbeit und Ausbildung, Mutterschaft und Familie. Aber auch Gewalt, Diskriminierung, Konversionstherapien, Lesbophobie. Lesbische Frauen mit Behinderungen, lesbische Arbeiterinnen, lesbische Pflegerinnen, lesbische Geflüchtete und Solidarität mit lesbischen Frauen weltweit – in Armut und in Kriegen, unter Militärdiktaturen und patriarchalen Despoten, in autokratischen, in nationalistischen, in klerikal-konservativen, in islamistischen Regimen.

Im Jahr 2019 habe ich als Landtagsabgeordnete gemeinsam mit dem europäisch-zentralasiatischen Lesbenverband EL*C (Eurocentralasian Lesbian* Community) im Wiener Rathaus eine Veranstaltung organisiert mit dem Titel „1 Million Lesbians! No single issue struggle". Eine Million Lesben – symbolisch, natürlich – im Wiener Rathaus! Überall Flyer, Plakate, Wegbeschreibungen. Eine Million Lesben! Und so viele Themen zu besprechen. Was verbindet uns miteinander – bei allen Unterschieden und strukturellen Ungleichheiten? Wie überwinden wir alle Formen der Unterdrückung? Räume für diese Sichtbarkeit, Vernetzung und Zusammenarbeit schaffen und öffnen zu können ist einer der Wege, wie ich meine aktivistische und meine politische Arbeit miteinander verbinde. Niemand in der Politik ist „neutral", aber die meisten bleiben unmarkiert, weil sie sich selbst als Norm setzen. Ich habe mich dazu entschieden, als lesbische Woman of Color mit muslimischer

Familien- und ungarisch-ägyptischer Migrationsbiografie in der österreichischen Politik sichtbar zu sein. Und dabei die „klassischen", die patriarchalen Erwartungen an Frauen in Bezug auf das Aussehen, die Frisur, die Kleidung, das Auftreten nicht zu erfüllen. Immer noch und immer wieder ein radikaler Akt – besonders auch in der institutionellen Politik, wo es ohnehin eine ständige Bewertung der Performance gibt. Das Recht auf sexuelle und reproduktive Selbstbestimmung und auf körperliche Unversehrtheit sind für mich Eckpfeiler in meiner politischen Arbeit geworden. Ob es um den Kampf gegen Gewalt an Frauen, an Migrantinnen, an Lesben geht; den Kampf gegen weibliche Genitalverstümmelung, gegen Zwangsverheiratung, gegen die Ausbeutung von Frauen in der Leihmutterschaft oder durch Frauenhandel. Mich in allem, was ich tue, für die Rechte von Frauen einzusetzen, bedeutet für mich, die Illusion der Neutralität zu verlassen. Allianzen zu schmieden. Das System zu stören. Jeder lesbische Kuss eine Revolution. Oder, wie es Rita Mae Brown, die US-amerikanische Schriftstellerin und Aktivistin der lesbischen Frauenbewegung, 1971 formuliert hat: „An army of lovers shall not fail."

Mireille Ngosso

VORBILDER, DIE WIR BRAUCHEN

Als Jugendliche hatte ich wenige Vorbilder. Im Fernsehen, in Werbungen und Zeitschriften begegnete ich kaum Menschen, die aussahen wie ich. Die wenigen Schwarzen Frauen, auf die ich in Filmen und in der Musik stieß, sprachen nicht meine Sprache. Mein gebrochenes Englisch hinderte mich allerdings nicht daran, inbrünstig „I will always love you“ in meine Haarbürste zu trällern und Whitney Houston einen Brief zu schreiben, in dem ich sie inständig um ein Autogramm bat. Leider wartete ich vergeblich auf eine Antwort. Vermutlich, weil meine Eltern meine Fanpost wohl nie abgeschickt haben.

Erst als ich fünfzehn wurde, erschienen auch auf der deutschsprachigen Bildfläche drei Mädels, die meine Frisuren trugen, über mein Leben rappten und für eine kurze Zeit zu meinem Universum wurden. Stundenlang spielte ich die Lieder von Tic Tac Toe rauf und runter und stöberte im H&M nach den Hosen, Tops und Schuhen, die Jazzy, Lee und Ricky auf den Fotos in der neusten „Bravo“ trugen. Und warum? Nicht, weil ich insgeheim davon träumte, als Rapperin auf einer Bühne tausende Herzen zu erobern. Ich wollte wie Tic Tac Toe sein, weil sie schlicht verkörperten: Schwarzsein ist cool. Oder anders ausgedrückt: Wenn du tanzen, singen und rappen kannst, gehörst du dazu.

Salt'n'Pepa, Tic Tac Toe und Whoopi Goldberg – die Frauen, die ich mir als Vorbilder wählte – waren tough und hatten eine große Klappe. Dafür wurden sie geliebt. Schnell verinnerlichte ich diese Stereotype. Versuchte, mich so zu verhalten wie sie. Ich borgte mir im Fasching sogar ein Nonnen-Kostüm aus, um Whoopi Goldbergs Rolle in „Sister Act" nachzuspielen.

Vielleicht fragt ihr euch, warum Women of Color-Vorbilder so wichtig für mich sind. In der österreichischen Geschichte gab und gibt es schließlich viele großartige Identifikationsfiguren. Mutige Frauen wie Johanna Dohnal, die uns zeigen, was wir erreichen können und wofür es sich zu kämpfen lohnt. Natürlich blicke ich auch zu diesen Menschen auf. Trotzdem sehnte sich ein Teil von mir immer nach *role models* mit meiner Hautfarbe. Nach Frauen, die mir nicht nur ähnlich sahen, sondern auch meine Erfahrungen und Geschichte teilten.

Heute erblicke ich auf dem Cover der „Wienerin" auch mal meine Freundin Christl Clear. Früher blätterte ich in Frauenzeitschriften, fand bloß zehn Frisur-Tipps für glattes, blondes Haar und ärgerte mich darüber, dass ich diese Frisuren trotz hartnäckiger Versuche mit meinen Locken nicht nachahmen konnte. Ich fand meinen Afro nicht schön, weil ich damit so anders aussah als die österreichischen Schönheitsideale dieser Zeit. Ich wollte dazugehören, nicht auffallen. Auch heute geht es vielen Frauen so.

Die Welt in den Medien ist heute zwar diverser, aber die Rollen sind klar verteilt. People of Color spielen meist die zweite Geige, oder wann hast du zum letzten Mal einen Film gesehen, in dem die feministische Heldin einen Hijab trägt? Wie oft werden Frauen, die Kopftuch tragen, für Reinigungskräfte gehalten, obwohl sie als Lehrkräfte, Ärztinnen oder Juristinnen arbeiten? Diese Vorurteile kommen nicht von ungefähr. Sie beruhen auf Stereotypen und einseitigen Geschichten, die uns immer noch in Kinderbüchern, Zeitungen und im Fernsehen vermittelt werden. Und die dafür sorgen, dass bestimmte Lebensrealitäten nicht gesehen werden, während andere allen Raum einnehmen.

Vor einiger Zeit entdeckte mein Sohn in einem Supermarkt eine Packung Schokoriegel mit einem Schwarzen Jungen drauf. Abrupt blieb er stehen und starrte einige Sekunden mit großen Augen auf das Kind. Dann breitete sich ein Strahlen auf seinem Gesicht aus. „Mama", rief er. „Der schaut aus wie ich! Er hat nur längere Haare, aber sonst schaut er aus wie ich!" Mein Sohn mag eigentlich keine Schokoriegel, doch an diesem Nachmittag schnappte er sich zwei Packungen und hüpfte damit den Gang auf und ab.

Es klingt vielleicht banal, aber: Repräsentation ist wichtig. Selbst auf einer Schokoriegelpackung. Meinem Sohn zeigte sie: Auch an dich haben wir gedacht! Ich wünsche mir für jedes Kind und jeden Menschen in jedem Lebensbereich Identifikationsfiguren, die ihnen ähnlich sind. Die ihr Gesicht haben und ihre Erfahrung teilen. Die sie und ihre Wünsche, Träume und Hoffnungen repräsentieren. Die ihnen Mut machen und ihnen zeigen, was sie erreichen und anstreben können. Jedes Kind soll wissen: Auch ich kann Anwält:in, Ärzt:in, Polizist:in, Politiker:in oder selbst Orgelbauer:in werden.

Hätte es in meiner Jugend Politiker:innen wie Michelle Obama, Aminata Touré oder „The Squad", Alexandria Ocasio-Cortez, Ilhan Omar, Rashida Tlaib und Ayanna Pressley gegeben, wäre ich wohl vor dem Spiegel gestanden und hätte politische Reden geübt, statt in meine Haarbürste zu trällern. Ich hätte mir nicht eingebildet, dass ich singen, rappen und tanzen können muss, um etwas zu erreichen. Ich hätte gewusst, ich kann auch andere Wege gehen. Es hat lange gedauert, bis ich auf die ersten Politiker:innen mit Migrationsbiografie stieß und noch länger, bis ich von der ersten Schwarzen Person hörte. Die erste Politikerin, die eine Woman of Color ist und auch noch Politik betreibt, wie ich sie mir vorstelle, ist die wundervolle Frau, mit der ich dieses Buch geschrieben habe. Faika hat mich an einem grauen Novembertag zum ersten Mal kontaktiert und mich gefragt, ob sie sich an der Demo gegen Sklaverei in Libyen beteiligen könne, die ich gerade mit anderen Aktivist:innen organisierte. Nie hätte ich mir erträumt, dass zwischen uns eine tiefe Freundschaft und innige Verbundenheit entstehen würde. Von Faika habe ich viel gelernt, nicht nur über Politik, sondern auch darüber, wie man trotz aller politischen Widrigkeiten durchhält und für seine Ideale und Werte einsteht, selbst wenn du auf weiter Flur allein dafür kämpfst. So wie Faika, aber auch Muna Duzdar, für mich Vorbilder waren, versuche ich heute, auch eines zu sein.

Ich hoffe, dass ich viele junge Menschen inspirieren und motivieren kann, sich politisch zu engagieren. Im Herbst 2020 veranstaltete ADOE – *Die afrikanische Diaspora Österreich* anlässlich der anstehenden Wiener Landtagswahl die parteiübergreifende Podiumsdiskussion „Voting Black" im prunkvollen Theater Nestroyhof Hamakom. Für Faika, Marie-Edwige Hartig (Die Grünen), Karim Rihan (NEOS) und mich war das ein historischer Moment. Zum ersten Mal kamen wir als Schwarze Politiker:innen Österreichs zusammen, um gemeinsam mit Schwarzen Menschen, BIPoC (Black, Indigenous, and People of Color) und Weißen Verbündeten über parteipolitisches Engagement und die Bedürfnisse und Anliegen der afrikanischen Diaspora zu diskutieren. Eigentlich war die Veranstaltung nur für eineinhalb Stunden anberaumt, doch die Diskussion nahm kein Ende. Im Raum saßen junge Menschen, die klar und deutlich auf den Punkt brachten, was sie sich von den Parteien und der Politik wünschen, wie sich die Gesellschaft verändern muss und welchen Beitrag wir alle leisten können. Diese wichtigen Beiträge sollten nicht nur innerhalb der Community gehört werden. Diese Stimmen braucht es in der Politik. Ich bin froh, dass es Menschen gegeben hat, die diesen Weg vor mir gegangen sind und für uns Türen geöffnet haben, wie Omar Al-Rawi, der schon seit zwanzig Jahren für marginalisierte Gruppen kämpft. Aber es braucht mehr von uns.

Nehmen wir das Fehlen von Repräsentation nicht länger hin. Heute leben wir in einer Welt, in der es immer noch unzählige Barrieren für Frauen und marginalisierte Gruppen gibt, doch gleichzeitig können wir mehr denn je das Ruder in die Hand nehmen und uns selbst repräsentieren. Wir können andere an den mutigen Wegen, die wir alleine oder gar als Erste:r beschreiten, teilhaben lassen, indem wir zur Kamera greifen und unseren Arbeitsalltag auf Social Media zeigen. Wir können Projekte wie das Mentoringprogramm „Yes she can!" der African Cultural Foundation ins Leben rufen, in dem Schwarze Frauen aus der Politik-

und Medienbranche ihr Wissen und ihre Erfahrung an die nächste Generation weitergeben. Wir können, wie das „Fresh Magazine" mit den Black Awards, Auszeichnungen vergeben, die die Leistungen von Schwarzen Österreicher:innen und anderen Minderheiten sichtbar machen. Wir müssen nicht auf Vorbilder warten. Wir können versuchen, selbst welche zu sein. Unsere Präsenz verändert Räume, unsere Anwesenheit regt zum Nachdenken an. Unsere Tatkraft kann Türen für andere aufstoßen. Mit unserer Sichtbarkeit können wir Zuversicht, Mut und Hoffnung spenden. Trauen wir uns, Wege zu beschreiten, die nicht für uns vorgesehen sind.

Faika El-Nagashi

VORBILDER, DIE WIR HABEN

„Wir evakuieren jetzt die Lobby, sie haben Tränengaskanister reingeworfen." Meine Kollegin schien gefasst. Mir schnürte mein Hemdkragen den Hals zu. Ich öffnete den obersten Knopf. „Okay, sagen wir etwas?", fragte ich flüsternd zurück. Ich saß als Mitorganisatorin und eine der Vortragenden in einem gesteckt vollen Raum mit über fünfzig engagierten und erwartungsvollen Aktivistinnen aus Europa und Zentralasien, die noch nichts davon wussten, was sich in diesen Minuten ein Stockwerk unter ihnen abspielte. Es war das Kickoff-Event zu unserer viertägigen Konferenz mit dem Titel „Let's bring lesbian genius to the world!" im April 2019, und wir erwarteten in den nächsten Tagen 350 lesbische, bisexuelle, queere Frauen zu Workshops, Diskussionen, Vernetzung und Austausch in der ukrainischen Hauptstadt Kiew. Kurz zuvor waren die Rednerinnen eingetroffen, um ihre Plätze auf dem ersten Podium unserer Konferenz einzunehmen, während unten auf der Straße Dutzende ultrarechte Nationalist:innen (vorwiegend Männer) anrückten, um die Türen des Hotels zu blockieren, uns mit Pfefferspray anzugreifen und ihr Ideal von Männlichkeit vorzuführen. Sie trugen Plakate mit Aufschriften wie „we are against gays" und „homosexuality is a disease". Sie versuchten, Angst und Einschüchterung zu verbreiten, während die unausgesprochenen Implikationen ihrer Gewalt gegen uns

Lesben allgegenwärtig waren. Jede Frau und jedes Mädchen kennt die Gewalt und die Strafen des Patriarchats. Die Gefahren, die es mit sich bringt: Übergriffe, (sexualisierte) Gewalt, Verfolgung. Sich dem Zugriff des Patriarchats zu entziehen oder entziehen zu wollen ist an sich schon eine Grenzüberschreitung, die oft nicht ohne Folgen bleibt. Beschimpfungen, Kriminalisierung, Sexualisierung, Pathologisierung, Zwangstherapien und Zwangsverheiratungen, Vergewaltigungen. Die Wut von rechten und faschistischen, von religiös-fundamentalistischen und nationalistischen Männern – leider oft von Frauen mitgetragen – auf (lesbische) Frauen. Die Wut auf Autonomie, Selbstbestimmung, Sichtbarkeit. Auf die Forderung nach sexuellen und reproduktiven Rechten, nach Macht und Ermächtigung, nach einem Leben in Sicherheit.

In der ersten Nacht, noch während der Vorbereitungen zur Lesbenkonferenz, gab es Vandalismus am Hotel. Eine Fensterscheibe wurde eingeschlagen, homophobe Graffiti gesprüht. Am nächsten Tag versuchten mehrere Dutzend Rechtsnationale, unter anderem von der rechtsextremen und militaristischen Gruppe „Tradytsii i Poriadok“ (übersetzt: Tradition und Ordnung), ins Hotel zu gelangen. Sie belagerten das Hotel, versuchten durch die Security-Absperrung zu gelangen und warfen Tränengas in die Lobby. Weil sie „gegen Homosexuelle“ waren. Weil sie wollten, dass wir „zur Hölle gehen“. Und weil sie, wie ihre Sprecherin (!) sagte, Druck auf ihre Regierung ausüben und ihr „erklären“ wollten, dass „Heterosexuelle gegen Homosexuelle sind“. Ein Stockwerk höher diskutierten wir passenderweise über die sogenannte Anti-Gender-Bewegung mit ihren nationalistischen und religiös-fundamentalistischen Komponenten. Was sie für unsere aktivistische Arbeit bedeutet und wie sie Teil einer rassistischen und gewalttätigen globalen Ideologie ist – mit einer Agenda, mit einer Strategie und mit Befürworter:innen, die in zahlreichen nationalen Regierungen an der Macht sitzen. Es war nicht das erste Mal, dass es solche Angriffe gab. LGBTIQ-Veranstaltungen und Veranstaltungen von Frauenorganisationen sind regelmäßig Ziele der Rechten – oft ohne dass die jeweilige Regierung gegen diese Gruppen vorgeht. Für den nächsten Tag um acht Uhr in der Früh hatte sich bereits der nächste „Protest“ angekündigt. Diemal sollten es „nur“ religiöse Fundamentalist:innen sein.

„Habt ihr Angst?“, fragte Olena Shevchenko, Leiterin unserer ukrainischen Partnerorganisation Insight und gemeinsam mit mir Moderatorin der Lesbenkonferenz, bei der Eröffnung. „Nein!“, riefen uns die Teilnehmerinnen entgegen. Insight war schon erprobt darin, sich gegen solche Angriffe zu wehren. Und auch wir, Aktivistinnen aus Europa und Zentralasien, von Kasachstan bis Spanien, würden uns nicht einschüchtern lassen und unseren ukrainischen Kolleginnen in ihren politischen Kämpfen zur Seite stehen.

Die Konferenz musste von Polizeikräften und Securities gesichert werden, weil wir uns als lesbische Frauen öffentlich trafen und organisierten. Und weil sich unsere Sichtbarkeit, unsere Solidarität und unsere Kämpfe gegen alle Systeme der Unterdrückung richteten. Am letzten Abend, mitten in der Nachbesprechung, musste das Hotel wegen eines Bombenalarms evakuiert werden. Auch, weil die politische Lage in der Ukraine im Lichte der bevorstehenden Wahlen ohnehin schon heikel war und weil sich jeder Krieg und jeder Konflikt auch auf lesbische Frauen auswirkt.

Die Ideologie der sogenannten Anti-Gender-Bewegung ist nicht nur „anti-gender“; ein unpräziser Begriff, hinter dem sich rechte und nationalistische Frauenfeindlichkeit und Antifeminismus verbergen und die Ablehnung von allem, was mit konservativen Geschlechterrollen bricht. Diese Bewegung ist Teil einer rassistischen und gewaltvollen Ideologie mit Vertreter:innen, die weltweit Einfluss auf Parlamente und Regierungen nehmen. Die Anti-Gender-Bewegung ist nahtlos verzahnt mit dem Überbau rechter und nationalistischer Gruppen. Sie propagieren ein Frauen- und Männerbild, das in eine rassistische Ideologie eingebettet ist. Männer wären nicht mehr „richtige“ Männer und Frauen nicht mehr „richtige“ Frauen, und so käme es zu schwindenden Geburtenraten der autochthonen Bevölkerung, zunehmender Migration und „Islamisierung“. Sie verbreiten ihre Gesinnung in Propagandavideos und über mediengerechten Aktionismus und versuchen, ihre Thesen und ihre Begriffe populär zu machen und zu normalisieren. Als der rechtsextreme rassistische Terrorist von Christchurch in Neuseeland 51 muslimische Kinder, Jugendliche, Männer und Frauen bei Terroranschlägen in zwei Moscheen ermordete und weitere 50 Menschen verletzte, brachten die Ermittlungen die Verstrickungen mit ebendieser Ideologie zu Tage, auf die sich die Anti-Gender-Bewegung stützt.

Um dem zu begegnen, brauchen wir grundlegend solidarische Allianzen und Bündnisse – für Frauenrechte ebenso wie gegen Abschiebungen. Solidarisch mit Muslim:innen, mit Migrant:innen, mit Geflüchteten, mit Rom:nja-, People of Color- und Schwarzen Communities, mit Radikalfeministinnen, mit LGBTIQ-Gruppen, mit Sexarbeiter:innen, mit Antifaschist:innen. Gleichermaßen.

Internationale Medien von „Reuters" über die „Washington Post" bis hin zu „Fox News" berichteten über unsere Konferenz. Oder, besser gesagt: Über die Angriffe auf uns. Was aber kaum jemals interessiert, ist das, was uns zusammenführt. Die Umstände, aber auch die Verbindungen, die wir zueinander finden. Auf der Lesbenkonferenz in der Ukraine habe ich Monica Benicio kennengelernt. Ihre Partnerin Marielle Franco, eine feministische Schwarze lesbische Frau aus einer Favela in Rio de Janeiro, war Politikerin und Stadträtin in Rio. Sie kämpfte für das Empowerment marginalisierter Mädchen und Frauen und gegen Armut, Rassismus und Polizeigewalt. Am 14. März 2018 wurde sie von mutmaßlichen Auftragsmördern erschossen. Die Ermittlungen zu ihrer Ermordung laufen schleppend, Verdächtigungen richten sich gegen Polizei, Militär und rechtsgerichtete Netzwerke bis hin zum rechtsextremen Präsidenten Jair Bolsonaro. Ich war zutiefst bewegt von Monicas Stärke und Widerstandsfähigkeit, ihrem Kampf gegen faschistische Parteien und gegen Rassismus, für Gerechtigkeit und das politische Vermächtnis ihrer Partnerin.

Ich habe auf der Konferenz lesbischen Frauen aus der Türkei zugehört, Aktivistinnen aus der Rom:nja-Community, geflüchteten lesbischen Frauen, lesbischen Müttern, Polizistinnen, Journalistinnen, Forscherinnen. Ich habe Lesben aus Kasachstan und Kirgisistan getroffen, aus Russland, aus der Ukraine, aus Serbien.

Lesbische Frauen, deren Existenz unbekannt ist und systematisch verleugnet wird. Lesben, die gegen Rassismus, Ausgrenzung und Marginalisierung kämpfen und die sich mit den Ungerechtigkeiten in der Migrationspolitik und den Grenzregimen befassen. Menschenrechtsaktivistinnen, die aus Angst vor Verfolgung anonym bleiben müssen. Ältere Lesben, die mit Armut zu kämpfen haben und versuchen, Unterstützungsnetzwerke und Gemeinschaften aufzubauen. Lesben mit Behinderungen, die ihre Autonomie und ihre Handlungsfähigkeit zurückfordern und sich mit der Vernachlässigung der Behindertenperspektive in feministischen Kontexten (und auch umgekehrt: den feministischen Auslassungen in den Bewegungen von Menschen mit Behinderungen) auseinandersetzen. Gläubige Lesben, die innerhalb und außerhalb ihrer Religionsgemeinschaften nach Verbündeten suchen. Transnationale lesbische Theoretikerinnen, die auf die Gefahren eines eigenen „Lesbonationalismus" hinweisen.

Wie können wir mit all diesen Unterschiedlichkeiten gemeinsam einer Realität begegnen, die von jeder Spaltung unter uns profitiert? Wie können wir Dissens und Konflikte zulassen und uns dabei gegenseitig nicht fallenlassen? Als wir an diesem ersten Abend unserer Konferenz zusammenkamen, sprachen wir aus einem politischen Imperativ heraus: nicht gespalten zu sein, unsere Bewegung als politische Position zu verstehen, solidarisch zu sein. Und gleichzeitig die Überschneidungen und auch die Unterschiede unserer lesbischen Identitäten anzuerkennen, zu würdigen, zu politisieren und sichtbar zu machen.

Sehr lange habe ich gedacht, es gibt niemanden wie mich. Was im Grunde natürlich stimmt. Aber ich kam mir mit meiner Herkunft so partikular vor, so sichtbar, so ausgestellt, so anders, dass mir Zugehörigkeit immer nur am Rande möglich schien. Das änderte sich schlagartig, als ich das erste Mal Gelegenheit bekam, ein wenig über den österreichischen Tellerrand zu blicken – und in Communities einzutauchen, in denen Diversität die Norm war. Mit Anfang zwanzig begann ich, auf europäische und internationale Konferenzen zu fahren, und begegnete dort anderen jungen Menschen, deren Identitäten ebenso vielfältig waren wie meine.

Zum ersten Mal eröffneten sich mir Räume, in denen meine Herkunft, Hautfarbe oder sexuelle Orientierung nicht das waren, was mich ausmachte. Ich stach nicht hervor – nicht durch meinen Namen oder meine Geschichte. Im Gegenteil. Ich war dort „ganz normal". Was für eine Erleichterung! Was zählte war, wie wir uns einbringen, welche Beziehungen wir zueinander aufbauen, welche Gemeinsamkeiten wir finden konnten. Es ist eine der wertvollsten Fähigkeiten, die ich in den Jahren meines Aktivismus gelernt habe. Einen Raum zu schaffen, in dem wir uns treffen, engagieren und gegenseitig anerkennen können. Voneinander lernen und aufeinander achten – egal, ob wir einander zustimmen oder nicht. Auch, wenn diese Räume nur temporär existieren, für ein paar Tage, für die Dauer einer Konferenz oder eines Projekts; und sich danach scheinbar schließen. Aber die Begegnungen, die in dieser Zeit stattfinden, begleiten uns. In ihnen stecken meine Vorbilder und in diesen Bewegungen liegt meine Zugehörigkeit.

„Ihr müsst nicht wie ich sein, um Seite an Seite mit mir zu kämpfen", sagte Audre Lorde 1982 in einer Rede über die Befreiung aus mehrfachen Unterdrückungssystemen. „Aber wir sollten uns gemeinsam für eine Zukunft einsetzen, die uns alle einschließt, und wir sollten mit den besonderen Stärken unserer jeweiligen Identität auf diese Zukunft hinarbeiten. Dafür müssen wir unsere Unterschiede zulassen und unsere Gleichheit erkennen." Und dafür brauchen wir alle Vorbilder, die wir haben.

Mireille Ngosso

UNGERECHTIGKEITEN DIE STIRN BIETEN

Ungerechtigkeiten habe ich von klein auf gehasst. Ich habe sie gefühlt, noch bevor ich mich in passenden Worten über sie aufregen konnte. Eine der größten Ungerechtigkeiten ist es, Menschen auszugrenzen und schlechter zu behandeln, weil sie nicht dem Bild der Mehrheitsgesellschaft entsprechen, weil sie aus einem anderen Land kommen, eine andere Sprache sprechen, weniger Geld haben, eine bestimmte Religion ausüben, queer sind oder Menschen mit einer Behinderung. Es gibt so viele Gründe, aus denen Menschen ungerechterweise diskriminiert werden, dass ich sie gar nicht alle aufzählen kann. Ich glaube, ich habe mich schon immer besser mit den „Anderen" verstanden und verbündet, weil mich selbst lange das Gefühl plagte, nicht wirklich Teil dieser Gesellschaft sein zu dürfen. Wann und wie ich zum ersten Mal wegen meiner Hautfarbe beschimpft wurde, weiß ich nicht mehr. Aber ich erinnere mich daran, dass ich nach Hause stürmte, um mich bei meiner Mama zu beschweren. Sie reagierte anders als erwartet. Statt in mein Klagen einzustimmen, stellte sie mich vor den Spiegel und sagte schlicht: „Du bist Schwarz!" Das hieß: Für dich gelten andere Spielregeln als für Weiße Kinder und du kannst nichts dagegen tun. Ich habe mir das angehört und verstanden. Doch gleichzeitig ist etwas in mir zerbrochen. Denn eigentlich wollte ich schreien: „Das ist ungerecht!"

Stattdessen habe ich nichts erwidert und für lange Zeit kaum über Rassismus gesprochen. Von meinen Eltern wurde mir vermittelt: Wir dürfen nicht auffallen! Wir sind bloß Gäste in Österreich und müssen froh sein, dass wir hier sein dürfen. Geraten wir in Schwierigkeiten, kann uns der Staat jederzeit wieder abschieben. Also verhalte dich ruhig. Schluck Ungerechtigkeiten runter. Nimm sie einfach hin. Österreicher:innen werden wir nicht verändern, nutzen wir die Zeit lieber, um uns gegenseitig unter die Arme zu greifen. Und genau das taten unsere Mütter und Väter. Sonntags versammelte sich die frankofone Community in einer kleinen Kirche im Dritten Bezirk zur französischen Messe. Erst wurde gebetet, dann ging es an die Praxis. „Du brauchst einen Job? Dort kannst du dich bewerben“, „Du suchst eine Wohnung? Ich glaub, ich weiß da was.“

Mein Vater begleitete Neuankömmlinge und Bekannte beim Gang auf die Behörden und half ihnen, Formulare auszufüllen. Meine Mutter passte auf die Kinder ihrer Freundinnen auf, wenn sie eine Nachtschicht schoben. Von klein auf lebte mir die Community vor, wie stark Zusammenhalt macht. In einer Zeit, in der Schwarze Menschen in Österreich gesellschaftlich als Drogendealer und Prostituierte abgestempelt wurden und rassistische Polizeigewalt gegen Afroösterreicher:innen gang und gäbe war, formten unsere Eltern die Fußstapfen für die nächste Generation, die in den 90ern laut und deutlich rief: „So nicht! Wir müssen Rassismus nicht hinnehmen! Auch wenn die Gesellschaft uns vermitteln will, dass wir bloß Gäste hier sind und dankbar und still sein sollen, verlangen wir mehr. Wir sind selbstverständlich Teil von Österreich, ob eingewandert oder bereits hier geboren. Deshalb fordern wir Gleichberechtigung. Wir fordern, dass unsere Menschenrechte geachtet werden.“

Vor diesem Hintergrund gründete sich etwa im Jahr 1996 der Verein „Pamoja – Bewegung der jungen afrikanischen Diaspora“. Er erstellte eine „Know your rights“-Broschüre und klärte in dieser Schwarze Menschen über ihre Rechte im Kontext von Rassismus und Polizeigewalt auf. Nach der Tötung von Marcus Omofuma organisierten Schwarze Aktivist:innen österreichweit Demonstrationen. Tausende Menschen gingen damals gegen rassistische Polizeigewalt auf die Straße.[2] Die Antwort der Polizei: „Operation Spring" – die damals größte Polizeiaktion in der zweiten Republik. 850 Einsatzkräfte stürmten am Morgen des 27. März 1999 in ganz Österreich Wohnungen von Schwarzen Menschen. Auch Flüchtlingsheime wurden durchsucht. Im Zuge der Operation wurden über hundert Menschen verhaftet. Angeblich wegen Drogenhandels. Tatsächlich traf es friedliche Aktivist:innen wie den Autor Charles Ofoedu, der sich für den Kampf gegen Rassismus starkmachte und eine der großen Demonstrationen gegen rassistische Polizeigewalt nach dem Tod von Marcus Omofuma mitorganisiert hatte.

Es folgten unfaire Gerichtsverhandlungen und umstrittene Urteile.[3] Befeuert wurden die Anschuldigungen durch die Boulevardmedien, die Marcus Omofuma und Schwarze Menschen generell als kriminell brandmarkten.[4] Angelika Schuster und Tristan Sindelgruber haben die erschütternden Ereignisse im Dokumentarfilm *Operation Spring* festgehalten. Ich empfehle diese Doku wärmstens. Sie zeigt, worüber unsere Geschichtsbücher schweigen. Sie verdeutlicht rassistische Mechanismen, die sich gegenwärtig im Gefolge der „Operation Luxor" wiederholen. Beide Operationen sind vielen Menschen unbekannt, obwohl sie sich tief ins Gedächtnis von Schwarzen und muslimischen Menschen eingebrannt haben. Wieso lernen wir in den Schulen nichts darüber? Wieso sind antirassistische Widerstandskämpfe und deren Errungenschaften nicht Teil des Geschichtsunterrichts? Wieso hören wir so wenig von den Hürden, denen Schwarze Menschen und People of Color in ihrem langen Kampf gegen Rassismus in Österreich begegnen, und von den Rückschlägen, die sie erleiden? Wieso besprechen wir nicht, welche gravierenden Auswirkungen *racial profiling* und Polizeiaktionen wie „Operation Spring" und „Operation Luxor" auf die Betroffenen und Aktivist:innen haben?

Nach der „Operation Spring" herrschte Angst in der Schwarzen Community. Mit einer tiefen Sorgenfalte zwischen den Brauen blätterte meine Mutter Tag für Tag die Zeitung durch und hoffte, bloß keinen Schwarzen Menschen auf dem Titelbild oder in den Schlagzeilen zu entdecken. Denn wir wussten: Wenn eine Schwarze Person ein Verbrechen begeht, wird die ganze Community an den Pranger gestellt. Wir waren eingeschüchtert, ließen uns aber nicht entmutigen, sondern wurden noch aktiver. 2003 gründete Beatrice Achaleke gemeinsam mit anderen die Schwarze Frauen Community, einen Verein, der unter anderem Empowerment-Programme für Schwarze Frauen, Kinder und Jugendliche sowie ein interkulturelles Frauencafé anbietet. Ein paar Jahre später organisierte Achaleke mit ihrem Verein AFRA – International Center for Black Women's Perspectives den ersten Black European Women's Congress, an dem Schwarze Frauen aus ganz Europa teilnahmen und Empfehlungen für die EU erstellten, wie die Rolle von Schwarzen Frauen und Menschen gestärkt und Rassismus abgebaut werden kann. Der Journalist simon INOU startete 2007 die „Black Austria"-Kommunikationskampagne. Wienweit wurden Plakate aufgehängt, auf denen Schwarze Menschen aus der Kultur- und Medienbranche gegen rassistische Stereotype ankämpfen, wie etwa die TV- und Radiomoderatorin Claudia Unterweger: Im blauen T-Shirt und mit freundlichem Lächeln posiert sie neben dem Slogan: „Ich leg euch gleich ein paar auf".[5] Es sind Kampagnen wie diese, die zum Nachdenken anregen und Schritt für Schritt die Gesellschaft wandeln. Es sind Aktionen wie diese, die mir gezeigt haben: Wir können etwas bewirken. Wir dürfen laut sein und müssen Veränderung fordern. Nur so können wir Verbesserung erzwingen. Hätten Schwarze Aktivist:innen und People of Color trotz aller Widrigkeiten in den 90ern nicht gemeinsam mit Weißen Verbündeten lautstark protestiert, gäbe es heute kein Marcus-Omofuma-Denkmal am Platz der Menschenrechte.

Wir alle genießen Rechte, die unsere Vorfahren erkämpft haben. Das Wahlrecht für Frauen und das Gleichbehandlungsgesetz sind nicht vom Himmel gefallen. Genauso wenig wie die „Ehe für alle" und die Anerkennung des dritten Geschlechts. Aktivist:innen mussten jahrzehntelang auf der Straße protestieren, jahrzehntelang Debatten führen, bis sich Schritt für Schritt etwas änderte. Das dürfen wir nicht vergessen. Und wir müssen uns daran erinnern, dass erkämpfte Rechte nicht bis in alle Ewigkeit währen, wenn wir sie nicht verteidigen. Das Recht auf Schwangerschaftsabbruch wird gegenwärtig nicht nur in den USA, sondern auch in Europa angegriffen. Während der Covid-Pandemie ziehen Rechtsextreme über den Ring und verbreiten Hassreden. Ihr Ziel: Minderheiten diskriminieren. Gegen diese Angriffe auf unsere Menschenrechte müssen wir aktiv werden. Laut und deutlich „Stopp" rufen. Es gibt viele Möglichkeiten, sich aktivistisch zu engagieren. Nicht nur in der Politik, sondern auch in der Zivilgesellschaft. Veränderung fängt auf der Straße an. Das zeigen uns die vielen Widerstandskämpfe wie die Bürgerrechtsbewegung, die Frauenbewegungen und aktuell die Klimabewegung. Richtig bewusst wurde mir das, als ich selbst meine erste Demo organisierte. 2017 erschien ein CNN-Bericht über den Sklavenhandel mit afrikanischen Migrant:innen in Libyen. Die Bilder trafen mich tief. Die Versklavung von Menschen sollte längst der Vergangenheit angehören, und doch findet sie nur wenige Flugstunden entfernt in diesen Sekunden statt. Aber das wird kaum thematisiert. Ich suchte deshalb nach einem Weg, mehr Menschen auf das Thema aufmerksam zu machen, postete darüber auf Instagram und vernetzte mich mit anderen Aktivist:innen, wie dem Initiator des Marcus-Omofuma-Denkmals, Damien Agbogbe. Gemeinsam stellten wir zwei Demos und eine Kundgebung auf die Beine. Mit selbstgebastelten Schildern marschierten wir zur libyschen Botschaft, hielten Reden und verkündeten unsere Forderungen. Wir waren nur ein paar Hundert, aber wir waren laut. Wir brachten Umstehende dazu, uns zuzuhören. Wir regten andere zum Denken an. Und wir vernetzten uns untereinander, um das nächste Mal noch lauter zu sein. Egal in welcher Form, ob Kundgebung, Demo oder Protestaktion: Steh gegen Unrecht auf! Deine Stimme zählt und ist wichtig. Du kannst sie nutzen, um Themen anzusprechen, die andere tabuisieren. Du kannst Perspektiven sichtbar machen, die andere nicht sehen. Wer, wenn nicht wir, soll Ungerechtigkeiten die Stirn bieten?

Faika El-Nagashi

A ROOM OF OUR OWN

„*A woman must have money and a room of her own.*" Mit diesen Worten der britischen Schriftstellerin Virginia Woolf begann ich im Mai 2008 meine erste Rede in den Räumen des Parlaments. Wir waren zu einer Preisverleihung eingeladen: Ich erhielt das Johanna-Dohnal-Stipendium und zwei weitere junge Wissenschaftlerinnen den Johanna-Dohnal-Preis. Im Namen von uns drei Ausgezeichneten durfte ich ein paar Worte an die Anwesenden richten. Unter ihnen auch die erste Frauenministerin und Namensgeberin des Preises, Johanna Dohnal, und die damalige Nationalratspräsidentin und erste Frau in dieser Funktion, Barbara Prammer.

Geld und Raum. Das waren auch für uns junge Frauen, Jahrzehnte, nachdem die Frauenbewegung sie zu zentralen Forderungen gemacht hatte, Notwendigkeiten, um (wissenschaftlich) arbeiten und leben zu können. Das Johanna-Dohnal-Stipendium ermöglichte es mir, meine Diplomarbeit zu schreiben und fünfzehn Jahre nach Studienbeginn und neben meiner Berufstätigkeit, mein Studium endlich abzuschließen. Es war aber mehr als das. Es war auch die Anerkennung dessen, dass Wissenschaft, Aktivismus und Politik einander nicht ausschließen, sondern es sinnvoll und bereichernd sein kann, diese Sphären miteinander zu verbinden. Auch heute noch wird ein aktivistischer Hintergrund in der institutionellen Politik eher als Hindernis gesehen und nicht als Qualifikation und Expertise. Und zumindest eine gewisse Distanzierung wird erwartet. Aktivismus bzw. politische Arbeit außerhalb der Politik abseits von Parlament und Partei werden misstrauisch betrachtet. Statt die oftmals formulierte Kritik und den Widerspruch der politischen Zivilgesellschaft wertzuschätzen, wird das (oft ehrenamtliche und fast immer unterbezahlte) Engagement in NGOs und Vereinen oft mit Emotion und Irrationalität verbunden. Und damit werden die eigenen (nicht-aktivistischen) Positionen als neutrale und objektive Zugänge dargestellt. Privatwirtschaft rulez. Die eigene Kanzlei, Landwirtschaft oder Arztpraxis, das Familienunternehmen oder der Touristikbetrieb werden als legitimer Hintergrund für eine solide Interessensvertretung gesehen. Aber was ist mit der Vertretung von Communities und sozialen Bewegungen?

Unsere Wege in die institutionelle Politik sind nicht geradeaus und glatt. Besonders für jene unter uns, deren Wege nicht vorgezeichnet sind. Ich werde oft gefragt, was ich studiert habe. Und meine Antwort darauf lautet: „Politikwissenschaft – aber ich bin nicht deswegen in der Politik!" Es scheint zwar naheliegend, aber wie wir mittlerweile aus etlichen Beispielen wissen, gibt es da ja eine Bandbreite an Fächern, die mehr oder weniger gut auf spätere hohe Ämter vorbereiten (können). Tatsächlich habe ich aber in der Zivilgesellschaft gelernt und war lange schon politische Aktivistin, bevor ich Politikerin wurde. Elf Jahre davon war ich beim Verein LEFÖ aktiv. Ein Verein, der 1985 von exilierten und geflüchteten Frauen aus Lateinamerika gegründet wurde, um einen Raum für die Selbstorganisation und Selbstvertretung zu schaffen. Einen Raum, um einander zu finden und durch das Miteinander das System der Vereinzelung, der Spaltung und der Marginalisierung zu überwinden. Bei LEFÖ hatte ich Gelegenheit zu lernen und außerdem das Glück, Mentorinnen zu finden: In der langjährigen Leiterin María Cristina Boidi meine „politische Ziehmutter" und in den vielen Kolleginnen beim Verein und in den Schwesterorganisationen und Netzwerken meine „politischen Tanten und Cousinen".

Der Aufbau von LEFÖ fiel in eine Zeit kontinuierlicher Normalisierung rassistischer Politik mit dramatischen Höhepunkten. Das „Anti-Ausländer-Volksbegehren" der rechtsextremen FPÖ unter Jörg Haider Anfang der 1990er Jahre brachte eine neue Dimension der Hetze in die österreichische Tagespolitik. Das Lichtermeer, das 1993 als Protest dagegen stattfand und mit 300.000 Teilnehmenden ein starkes Zeichen der Solidarität setzte, war die erste Demonstration, an der ich teilnahm. Einige Jahre später fand mit der sogenannten „Operation Spring" die bis dahin größte Polizeiaktion der Zweiten Republik statt. Sie richtete sich gegen zahlreiche Mitglieder der Schwarzen Community. Wohnungen und Flüchtlingsheime wurden gestürmt. Viele der Betroffenen hatten sich zuvor zu antirassistischen Plattformen zusammengeschlossen und Proteste im Gedenken an Marcus Omofuma organisiert, der am 1. Mai 1999 während einer Flugzeugabschiebung aus Österreich von drei Polizisten getötet wurde. Nach der Nationalratswahl im Herbst desselben Jahres kam es mit Februar 2000 schließlich zu „Schwarz-Blau I", zur ersten Koalition zwischen der damals christlich-konservativen ÖVP und der rechtsextremen FPÖ.

Ich kam im Mai 2000 mit 24 Jahren zu LEFÖ. Und nur wenig später erlebte ich die Schikanen und offenen Angriffe gegen LEFÖ und andere Frauenorganisationen – darunter die feministische Zeitschrift „an.schläge" und die Virginia-Woolf-Mädchenschule – durch die ÖVP-FPÖ-Regierung. Ein sogenannter „Euroteam"-Untersuchungsausschuss sollte Fördervergaben prüfen und knöpfte sich unter diesem Vorwand über 250 Vereine vor. Es ging gegen die Zivilgesellschaft, allen voran gegen etwa 40 Frauen-, Lesben- und Mädcheneinrichtungen. Medien sprachen von „Inquisition" und „Hexenjagd". Neben grenzwertigen Fragen an die Mitarbeiterinnen der Vereine – bei LEFÖ ging es vor allem um die Unterstützung von Sexarbeiterinnen – machten sich die konservativen und rechten Politiker (sic!) scheinbar auch gleichstellungspolitische Sorgen: Ob es nicht gegen das Gleichbehandlungsgesetz verstoße, wenn in einem Frauenverein nur Frauen beschäftigt sind und ob damit nicht Männer diskriminiert würden?

Es wirkt im Nachhinein vielleicht lächerlich. Aber diese Angriffe auf Frauen- und Migrantinnenräume sind immer ideologisch motiviert. Und sie sind für die Betroffenen enorm belastend, rufschädigend und existenzgefährdend. Die Abwertung gegenüber Frauen, Migrantinnen, Sexarbeiterinnen, Obdachlosen, Alleinerzieherinnen oder von Gewalt betroffenen Frauen überträgt sich auch auf die Vereine, die für sie und mit ihnen arbeiten. Und sie verdeutlicht ihre finanzielle Abhängigkeit. EU-Förderungen reichen oft nicht oder sind nur projektbezogen. Für eine nachhaltige Arbeit braucht es eine mehrjährige Grundfinanzierung – allein für die Aufrechterhaltung der Räume, der Infrastruktur, des Minimalbetriebs. In der Realität erleben Frauen- und Migrantinnenorganisationen seit Jahren finanzielle Kürzungen, verspätete Förderzusagen, fehlende Finanzierung für ganze Arbeitsbereiche, Verschlechterungen beim Gehaltsschema, Bürokratisierungen und zunehmende Kontrollen, die beschönigend als „Professionalisierung" beschrieben werden. Dazu politische Diffamierungen und die ständige Gefahr, gegen andere Einrichtungen – die dann nur mehr als „Auftragnehmerinnen" der ausgeschriebenen Beratungsleistungen auftreten – ausgetauscht zu werden. Weniger kritisch, weniger aufmüpfig und weniger öffentlich. Also weniger politisch, weniger feministisch und weniger widerständig.

Frauen- und auch Migrantinnenorganisationen sind heute scheinbar ein Auslaufmodell. Eine weitreichende Neoliberalisierung hat frauenpolitische Arbeit über die Struktur von Vereinen mittlerweile fast verunmöglicht. Erst recht (politisch) „unabhängige". Gleichzeitig hat sich ein massiver antifeministischer Backlash in der Politik breitgemacht. Feministin zu sein hat anscheinend keinen Mehrwert.

Money and a room of our own. Wir brauchen die Räume für unser politisches Erwachen. Meine waren Frauenräume. Dort konnte ich mich über Generationen hinweg mit anderen Frauen austauschen: über Migrations- und Fluchtbiografien, über unsere Familien, über Feminismus und Frauenrechte, über Gewalterfahrungen, über Solidarität und Zusammenhalt, über unsere Mütter und Großmütter, über Unterschiede und Gemeinsamkeiten, über

Liebe und Begehren, über Vernetzung und Aktivismus. Es waren Widerstandsräume, die mich formten. Das politische Fundament, auf dem ich stehe. Meine Antwort auf die Frage nach meiner Herkunft.

2
MUT

Faika El-Nagashi

POSTER GIRL

Jede Partei hat ihre Versprechen. Bei den Grünen waren es für mich die von der Durchsetzung der Menschenrechte. Das Engagement für Frieden und soziale Gerechtigkeit. Für Frauen, für die LGBTIQ-Communities, für Migrant:innen, Menschen mit Behinderungen, autochthone Volksgruppen, Armutsbetroffene, Alleinerzieherinnen, Pensionistinnen, Geflüchtete, Studierende. Für den gesellschaftlichen Zusammenhalt und für eine Alternative zum bestehenden System. Es waren die Grünen-Politikerinnen Marijana Grandits, Terezija Stoisits und Madeleine Petrovic, durch die ich als Jugendliche erstmals Frauen in der Politik wahrnahm. Ulrike Lunacek und Alev Korun waren für mich wichtige Vertreterinnen der Kämpfe um Gleichberechtigung im Parlament und starke Stimmen für eine inklusive Politik. Die Grünen Migrant:innen in Wien waren in vielen Communities bekannt und präsent und es gab regelmäßig Austausch zwischen feministischen Grünen-Politiker:innen wie der späteren EU-Abgeordneten Monika Vana und den Wiener Frauen- und Migrantinnenorganisationen. Mit Maria Vassilakou wurde eine junge Migrantin 2005 Spitzenkandidatin der Grünen in Wien und 2010 sogar Vizebürgermeisterin.

Die Grünen schienen, wie sonst keine andere Partei, Vielfalt und Menschenrechte nicht als leere Worthülsen zu verstehen, sondern selbstverständlich und tatsächlich zu verkörpern, so wie es in ihren Statuten steht. Grüne DNA. Naheliegend also, dass sie die Partei waren, an deren Tür ich klopfte.

Dabei stand eine Karriere als Grünen-Politikerin nie auf meiner To-do-Liste. Ich kam aus der Welt der NGOs, und nach 15 Jahren in zumeist prekären Arbeitsverhältnissen kannte ich die negativen Auswirkungen der Parteipolitik auf den sozialen Sektor nur zu gut: existenzielle Abhängigkeiten, politische Maulkörbe, Politiker:innen ohne fachliche Eignung, die mit Halbwissen über die Zukunft ganzer Arbeitsbereiche entschieden. Als ich Ende 2013 meinen ersten Job in der Politik als sozialpolitische Referentin der Wiener Grünen annahm, war ich mehr als skeptisch. Eine Karenzvertretung, befristet, Teilzeit. Okay, das war nicht gleich eine Parteimitgliedschaft. So bin ich zu den Grünen gekommen. Mit dem Vorsatz, meine Kritik an Parteien durch den „Blick von innen" zu überprüfen und das Experiment bei Bedarf jederzeit abbrechen zu können. Schließlich, so bestärkte ich mich in meinem Vorhaben, waren die Dynamiken und Realitäten in NGOs ja auch nicht nur positiv. Das ist nun bald zehn Jahre her. Dass ich seitdem sogar selbst in die Politik gehen konnte, verdanke ich viel harter Arbeit, Unterstützer:innen in der Partei, solidarischen Wegbegleiter:innen außerhalb der Partei und einer Reihe von *windows of opportunity*, also den richtigen Zeitpunkt erwischt und genutzt zu haben.

Anfangs war es allerdings noch ein ziemlicher Kulturschock. Ich war es aus meiner beruflichen Erfahrung gewohnt, an der Sache zu arbeiten, Kritik inhaltlich zu begründen und mich in breiten solidarischen Bündnissen auszutauschen. Eine Partei ist aber keine NGO. Sie ist ein Machtapparat, und darin musste ich mich nun zurechtfinden. Hier war ich für die anderen zunächst einmal ein unbeschriebenes Blatt. Im besten Fall ein großes Fragezeichen. Für die meisten nicht nur unbekannt, sondern auch nicht einzuordnen. Es zählte nur eine harte Währung: Wer kennt wen und wer ist wem gegenüber wie loyal? Menschenrechte, Antirassismus und Antidiskriminierung standen in der Theorie zwar ebenso wie Feminismus und Basisdemokratie hoch im Kurs, in der Praxis waren sie aber auch Mittel zum Zweck für Macht und Mehrheiten.

Was ich in den ersten Monaten bei den Grünen beobachten konnte, war der politische Alltag von Abgeordneten. Und das entzauberte und entmystifizierte das, was einen Politiker oder eine Politikerin ausmacht. Männer, die sich (fast) immer trauen und Frauen, die sich (fast) ständig hinterfragen. Manche sehr und manche etwas weniger engagiert. Mit unterschiedlichen Qualifikationen und inhaltlichen Schwerpunkten. Manche von ihnen kamen als sogenannte Quereinsteiger:innen mit spezifischer Expertise in die Politik, andere stiegen direkt aus der Parteibasis empor. Dadurch unterschieden sich auch die Perspektiven auf die eigene politische Arbeit und die gemeinsamen Ziele und Werte. Es gibt keine allgemeine Ausbildung zur Politikerin und das ist vielleicht auch gut so. Immerhin werden Menschen (auf Parteilisten) gewählt und nicht gleichgeschaltete Politikroboter. Gleichzeitig gibt es den Bedarf, Menschen auf die Realität des Polit-Business vorzubereiten und ihnen die Skills zu vermitteln, die dafür notwendig sind. Allein schon, um sie nicht ins kalte Wasser zu werfen und dann zuzusehen, wie sie sich wieder nach oben strampeln oder untergehen. Auch, wenn das Muskeln aufbaut. Parteipolitik ist unweigerlich Machtpolitik. Auch wenn die Motivation anfangs bei vielen ganz woanders liegt. Mir ging es um die Möglichkeiten für Veränderung von innen heraus. Aus dem System. Eine Gratwanderung.

Aber ich habe in meiner NGO-Arbeit und als politische Aktivistin immer wieder die Grenzen der Möglichkeiten für Veränderung außerhalb des institutionellen politischen Systems erlebt. Die Abhängigkeiten. Die Gesetzesverschärfungen. Die geringen Mitsprachemöglichkeiten. Die fehlende Interessensvertretung. Die Diffamierungen. Die ständig knappen Ressourcen. Als ob unsere Tätigkeit – kritische politische Stimmen aus der Zivilgesellschaft hörbar zu machen, die aus ihrer Erfahrung und Expertise heraus sprechen und Veränderung fordern – eher eine Plage wäre als das Vermitteln einer ernstzunehmenden und zu berücksichtigenden politischen Position. Und diese Ausgrenzung ist eine bewusste Entscheidung der institutionellen Politik. In der Praxis fehlte es bei uns dadurch immer an allen Ecken und Enden, und das ist auch heute noch so. Im gesamten Sozialbereich, in der Gesundheit, Pflege, Bildung, Kunst und Kultur, im Gewaltschutz, in der Integrationsarbeit. Es gibt kaum Geld für neue Laptops oder Diensthandys, für ausreichend große und barrierefreie Büros, für Öffentlichkeitsarbeit, für Vernetzungsarbeit, für Vollzeitstellen oder überhaupt für ausreichend viele Anstellungen. Und für die vielen wichtigen Projekte, deren Konzepte bereits geschrieben, die aber nicht „innovativ genug" sind, obwohl mehr soziale Gerechtigkeit nicht ständige Innovation braucht, sondern die Möglichkeit, langfristig und abgesichert daran arbeiten zu können. Aber so zeigen sich die budgetären Prioritäten. Und so zeigt sich auch, wer Politik macht.

Das wollte ich ändern. Von der anderen Seite. Von innen. Aus dem System heraus. Deshalb bin ich in die Politik gegangen. Aber ich musste bald feststellen, dass ich viele dieser Entscheidungen nicht selbst treffen konnte. Dass es viel komplexer und Veränderung ein sehr langer Weg ist. Dass ich mich dabei exponiere und dafür resilient sein muss. Dass ich Allianzen und Bündnisse brauche. Und dass viele, die „draußen" geblieben sind, nicht verstehen, warum sich dieses oder jenes nicht einfach ändern lässt.

Als ich mich 2015 das erste Mal einer internen Wahl bei den Grünen stellte und gleich ein Mandat bekam, war ich für manche schon einem „Team", also einem parteiinternen Flügel, zugeordnet. Und damit automatisch „gegen" die anderen. Für die einen war das also eine Wahlempfehlung, für die anderen das Gegenteil davon. Für viele war ich aber noch immer ein ziemlich unbeschriebenes Blatt, eine Projektionsfläche und ein Grünes „Poster Girl" für Diversität. Es war ein langer Weg für mich, zu zeigen, wer ich eigentlich bin und was ich politisch bewegen möchte. Und selbstverständlich habe ich dabei auch immer wieder Zweifel. In der Politik zu bleiben ist ein ständiges Abwägen und Grenzenziehen. Es ist aber auch die Möglichkeit, die Rolle der Politikerin einzunehmen, sich anzueignen und selbst zu schreiben. Ein Kapitel nach dem anderen.

Mireille Ngosso

DU FLAMMENDE, DU ROTE FAHNE

Rote Luftballons steigen in den Himmel. Rote Fahnen werden geschwenkt. Durch die Straßen dröhnt: „Wir sind die Zukunft und wir sind die Tat. So flieg', du flammende, du rote Fahne, voran dem Wege, den wir zieh'n. Wir sind der Zukunft getreue Kämpfer. Wir sind die Arbeiter von Wien". Menschen johlen, klatschen, singen, ziehen stolz durch die Innenstadt. Ich throne auf den Schultern meines Vaters, wippe meinen Körper im Takt der Trommeln und winke den Zuschauer:innen in den umliegenden Fenstern zu. Viele erwidern meine Geste. Umstehende Passant:innen schließen sich uns an. Ganz Wien strömt Richtung Rathausplatz. So scheint es mir zumindest. Die Maiaufmärsche sind mir aus meiner Kindheit bis heute sehr gut in Erinnerung, obwohl ich die Bedeutung des Tages der Arbeit erst viele Jahre später verstand.

Mein Vater war lange Zeit ein glühender Sozialist. Es dauerte nicht lange, bis er nach seiner Flucht in die SPÖ eintrat und nicht nur sich selbst, sondern auch mir die Geschichte der Sozialdemokratie beibrachte. Er führte mich an der Hand durch den Karl-Marx-Hof und wir bestaunten, was die Sozialdemokratie in Wien geleistet hatte. Ich verstand damals mitunter nur Bahnhof. Aber Maiaufmärsche, Sektionsabende und die Spaziergänge durch Gemeindebauten waren aufregend. Ganz besonders freute ich mich, wenn mein Vater mich zum Kassieren mitnahm. Als Online-Banking noch nicht gang und gäbe war, gingen freiwillige Helfer:innen wie mein Vater von Haus zu Haus und kassierten die Mitgliedsbeiträge. Für mich bedeutete das vor allem eins: Ich durfte fremde Wohnungen begutachten und spannende Menschen kennenlernen. Ältere Herrschaften, die sich freuten, wenn wir zum Plaudern vorbeikamen, und die mir Kuchen und Früchtetee anboten. Alleinerziehende Mütter, die im Supermarkt, als Pflegekräfte oder als Kindergärtnerinnen arbeiteten und trotz aller Steine, die ihnen in den Weg gelegt wurden, großartige Kinder erzogen. Schwerstarbeiter, die mit ihrem knappen Gehalt ihre ganze Familie ernährten. Menschen mit Migrationsbiografie, die viel durchgemacht hatten und trotz aller Widrigkeiten alles gaben, um wie meine Eltern das Beste für ihre Kinder rauszuholen. Ich kann die vielen Leben gar nicht schildern, denen ich begegnet bin. Aber ich kann festhalten, dass ich unglaublich dankbar bin, dass ich schon so früh einen Einblick in die Vielschichtigkeit der Wiener Bevölkerung und die Mitglieder der SPÖ erhalten habe.

Als ich zehn war, beendete mein Vater sein politisches Engagement. Trotzdem blieb mein Leben mit der Sozialdemokratie verwoben, genauer gesagt mit ihren Errungenschaften. Ich wuchs am Schöpfwerk auf, lebte eine Zeitlang im Frauenhaus gemeinsam mit meiner Mutter und meinen Geschwistern, absolvierte meine Matura auf dem zweiten Bildungsweg und konnte mir dank Studienbeihilfe das Medizinstudium finanzieren. Ich bin mir sicher, mein Lebensweg hätte anders ausgesehen ohne die Bildungsreformen Kreiskys, den sozialen Wohnbau und insbesondere den langen, harten Kampf um Frauenrechte, der von SPÖ-Feministinnen wie Johanna Dohnal geführt wurde. Von klein auf wurde mir vermittelt, wie viel Politik für Menschen bewegen kann, im Guten wie im Schlechten. Als im Jahr 2000 die erste Schwarz-blaue Koalition an die Macht kam, war das für mich und meine Familie ein Schockmoment. Die Bedrohung fühlte sich nicht nur real an, ich spürte sie auch am eigenen Leib. Ich wurde in U-Bahn und Straßenbahn angerempelt und beschimpft. Das passierte nicht nur mir, sondern auch vielen meiner Freund:innen. Die Stimmung in der Bevölkerung war aufgeheizt, weil sich Rassist:innen durch die hetzerischen Reden Haiders und die ausländerfeindliche Politik dazu ermächtigt fühlten, ihren Hass auf People of Color offen auszuleben. Für mich bildete dies den Anstoß, mich noch intensiver mit der Politik zu beschäftigen. Zum ersten Mal hegte ich den Gedanken, in eine Partei einzutreten. Bei uns zu Hause wurde ständig politisiert, aber in dieser Zeit wurden die Gespräche ernster und tiefer. Meine Mutter und ich waren dabei nicht immer einer Meinung. Ich fand auch manche Positionen anderer Parteien gut, meine Mutter hielt dagegen, schüttelte den Kopf und versuchte mir klarzumachen: „Die SPÖ ist die einzig richtige Wahl!" Ihre Überzeugungsversuche gingen so weit, dass sie mir selbst in die Wahlkabine hereinschrie: „Kreuz die SPÖ an!" Ich erinnere mich noch an die schockierten und gleichzeitig belustigten Blicke der Wahlhelfer:innen, die meine Mutter zurückpfiffen: „Meine liebe Dame, das geht so nicht! Wir haben Wahlgeheimnis!"

„Ja, aber meine Kinder müssen doch die SPÖ wählen!", erwiderte meine Mutter händeringend. Für meine Eltern war immer klar: Eine Stimme für die SPÖ ist eine Stimme für soziale Gerechtigkeit. Mein Vater meinte oft: „Wenn es die Sozialdemokratie im Kongo gegeben hätte, dann wären wir nie gegangen." Ich glaube, es tröstete ihn, dass er in Österreich durch sozialdemokratisches Engagement ein Land mit aufbauen konnte, nachdem ihm dies in seiner Heimat nicht möglich gewesen war.

Obwohl mir meine Eltern eine klare Richtung vorgaben, wollte ich mir erst mein eigenes Bild von den Parteien machen. Ich scrollte durch die Webseiten und merkte schnell: Es gab immer wieder einzelne Positionen anderer Parteien, die ich gut fand, aber meine Geschichte ist sozialdemokratisch geprägt. Ich stamme aus einer Arbeiter:innenfamilie, bin in einer Großsiedlung aufgewachsen und habe dank der Abendschule die Matura nachgeholt. Ich bin keinen klassischen Weg gegangen, doch ich konnte meine Träume über Umwege erfüllen, weil ich in einer Stadt lebe, in der mutige SPÖ-Politiker:innen seit Jahrzehnten für soziale Gerechtigkeit kämpfen. Nicht nur mein Werdegang, sondern auch meine Werte sind sozialdemokratisch. Das erkannte ich nun. Denn auch ich brenne für Freiheit, Gleichheit und Solidarität. Für Gerechtigkeit auf allen Ebenen, für leistbares Wohnen, für faire Bezahlung, für Bildung für alle, für ein starkes, öffentliches Gesundheitssystem. Was mich an der SPÖ besonders anzieht, ist genau diese Breite. Keine andere Partei bildet in meinen Augen die Vielfalt der Bevölkerung und ihre Anliegen so vielseitig ab wie die sozialdemokratische. Egal ob du Arbeiter:in, Akademiker:in, Migrant:in, Studierende oder Lehrling bist, ob du am Land oder in einer Großstadt lebst, in der SPÖ findest du Anschluss und Menschen, die deine Interessen und Werte teilen. Genau diese Erfahrung machte ich, als ich 2010 beschloss, politisch aktiv zu werden. Zunächst engagierte ich mich für die Junge Generation im 9. Bezirk. Dort lernte ich coole, junge Menschen kennen, bei denen ich mich auf Anhieb wohlfühlte. Gemeinsam redeten wir stundenlang über Politik, planten Verteileraktionen und Kinderfeste im Park. Wir kämpften für die Einführung einer Vermögenssteuer für Superreiche mit unserer Kampagne „Fiona muss zahlen". Wir schrieben einen Antrag für das Verbot des kleinen Glücksspiels und nahmen damit erfolgreich am Landesparteitag der SPÖ Wien teil. Seit 2015 gibt es in Wiens Lokalen keine Spielautomaten mehr, sondern nur noch in streng regulierten Casinos.

2013 übernahm ich schließlich die Junge Generation im Ersten Bezirk. Nun lag es an mir, meine gesammelten politischen Erfahrungen umzusetzen und eine neue Gruppe aufzubauen. Anders als am Alsergrund fehlten in der Inneren Stadt junge Kräfte. Das machte sich auch auf dem ersten „Gruppenfoto" bemerkbar, das wir anlässlich der Nationalratswahl 2017 posteten. Genau zwei Personen grinsten in die Kamera, nämlich Marcus Gremel, der damalige Vorsitzende der Jungen Generation Wien, und ich. Ich hatte ihn aufgeregt angerufen und gebeten, mit mir das Bild zu schießen, damit ich nicht ganz allein dastand. Heute blättere ich gerne durch mein Album und freue mich darüber, wie Foto für Foto neue Gesichter hinzugekommen sind. Junge Menschen, die vorher nicht politisch aktiv waren und nun ihre Gedanken und Ideen einbrachten. Frauen und Männer mit und ohne Migrationsbiografie, die Perspektiven sichtbar machten, die eben viel zu oft in der Politik nicht gesehen werden. Am Ende waren wir die Junge Generation mit dem höchsten Frauenanteil in ganz Wien.

Gemeinsam politisierten wir, organisierten Lebensmittelsammelaktionen vor Supermärkten und führten zahlreiche Hausbesuche durch. Anders als viele glauben, ist der 1. Bezirk nicht nur Wohnort der Reichen und Wohlhabenden. Neben prunkvollen Altbauhäusern, schillernden Einkaufsstraßen und Tourist:-innenströmen gibt es auch Orte der Ruhe, an denen man die Bewohner:innen trifft. Sechs solide Gemeindebauten stehen in der Wiener Innenstadt. Diese Gebäude sind wichtig, denn während im gesamten Bezirk der Wohnraum schrumpft und die Mieten in die Höhe schießen, bieten die Gemeindebauten Wohnungen, die sich auch Normalbürger:innen leisten können, was die soziale Durchmischung fördert.

Nach jahrelanger ehrenamtlicher Arbeit wurde mir 2015 vorgeschlagen, auf Platz 9 der Bezirksliste zu kandidieren. Wir führten einen harten Wahlkampf und verpassten den Wahlsieg nur knapp. Seit 1946 stellt die ÖVP den Bezirksvorsteher in der Innenstadt. Diesmal siegte sie bloß mit 137 Stimmen.

Im Dezember 2015 konnte ich als Bezirksrätin in die Bezirksvertretung der Inneren Stadt einziehen. Im Zuge dieser Tätigkeit wurde ich Mitglied des Umweltausschusses, Stellvertreterin der Sozial- und Generationskommission und Mitglied der Sicherheits- und Katastrophenkommission. 2018 wurde ich Frauenvorsitzende des Ersten Bezirks und stellvertretende Bezirksvorsteherin. Damit brachen eine neue politische Zeit und viel Trubel für mich an, für den ich trotz all meiner Erfahrung erstmal nicht gewappnet war.

Faika El-Nagashi

AUFSTEHEN!

Mit dem politischen Mandat änderte sich alles. Ich war nicht mehr nur Projektionsfläche für Wunschvorstellungen über Diversität, sondern auch Zielscheibe für Angriffe, Rufschädigungen, Demontageversuche. Angekommen in „der Politik" also. Das Mandat machte nicht nur meine Aussagen und Positionen gewichtiger, auch meine Termine, Vernetzungen und (Social Media-)Kommunikation standen nun unter Beobachtung. Ich war als Grüne Wiener Landtagsabgeordnete für Integration und Menschenrechte zuständig, und zwar Ende 2015 – nach dem „langen Sommer der Flucht", in dem hunderttausende Geflüchtete über die sogenannte Westbalkanroute den Weg in die Sicherheit und in die EU gesucht hatten. Entsprechend aufgeladen waren die Debatten. Kurz vor Weihnachten gelangte der „Zwischenbericht" einer (später zu einer „Vorstudie" relativierten) Studie zu islamischen Kindergärten in Wien an die Medien und sorgte für Schlagzeilen. Vorgeblich ging es um die betroffenen Kinder. Sie seien gefährdet, wollte dieser Bericht belegen, ebenso wie die Integration allgemein. Es folgten heftige und breit geführte Diskussionen zu einem Potpourri an Themen – von Parallelgesellschaft über Wertevermittlung und Radikalisierung bis hin zu Kopftuchverboten. Der Bericht selbst wurde in seiner Methodik von Wissenschaftler:innen regelrecht zerlegt. Darüber hinaus wurden massive ideologische Bearbeitungen und damit inhaltliche Veränderungen der Ergebnisse durch das beauftragende Ministerium nachgewiesen (zuständig: der damalige Außen- und Integrationsminister Sebastian Kurz). Trotzdem erfüllte er seinen Zweck: Er griff einerseits die Integrationspolitik in Wien unter SPÖ und Grünen an, die – in starkem Kontrast zur Bundespolitik – auf das Modell „Integration ab Tag 1" und eine im Regierungsübereinkommen festgehaltene Willkommenskultur über Orientierungs- und Förderprogramme setzte. Und gleichzeitig stellte der Bericht Muslim:innen ins Zentrum einer emotional aufgeladenen Debatte (noch dazu über Kinder!), die mit tief verwurzelten Ressentiments und rassistischen Zuschreibungen arbeitete. Muslim:innen und Geflüchtete waren die politischen Sündenböcke – und ich war für beide zuständig.

Anfang 2016 diskutierte die Bundespolitik weiter über die Causa prima: über die Aufnahme von Geflüchteten und über die Einschränkung des Asylrechts. Über Grenzzäune um Österreich herum – „Türln mit Seitenteilen", wie der damalige SPÖ-Bundeskanzler Werner Faymann versuchte zu beschwichtigen – und über Obergrenzen bei Asylanträgen. In Wien gab es in einigen Bezirken Proteste gegen die Errichtung von Unterkünften für Geflüchtete. Befeuert durch die FPÖ fanden in Floridsdorf und Liesing Aufmärsche mit mehreren hundert Teilnehmenden gegen die dortigen Flüchtlingsheime statt. Ich stellte mich gemeinsam mit dem Bündnis „Offensive gegen rechts" und mit der 2015 gegründeten überparteilichen „Plattform für eine menschliche Asylpolitik" dagegen; einem breiten politischen Zusammenschluss von NGOs, Flüchtlingsinitiativen, politischen Organisationen und Einzelpersonen, der sich für die Einhaltung international verankerter Asyl- und Menschenrechte einsetzt. Mit hunderten solidarischen Menschen blockierten wir die vom damaligen FPÖ-Parteichef Heinz-Christian Strache und seinem Stellvertreter und FPÖ-Vizebürgermeister Johann Gudenus angeführte Kundgebung. Sie skandierten ihre rechten Parolen gegen „Islamisierung" und „Völkerwanderung". Und ich begann, mit Megafon oder Mikro auf den Pritschenwagen oder die Bühne zu steigen und bei unseren Demos zu sprechen.

Mit der zunehmenden Sichtbarkeit stieg die politische Wahrnehmung meiner Arbeit. Und durch die inhaltlichen Positionen, die ich einnahm, schärfte sich mein Profil. So viel Gestaltungswille war und ist aber seitens des politischen Establishments gar nicht immer erwünscht. Es gibt da nämlich eine feine Linie: zwischen *Tokenism* und einer gleichberechtigten Einbindung im Bewusstsein über strukturelle Diskriminierung. Ob Angehörige diskriminierter Gruppen also nur als *Tokens* dabei sein dürfen, weil sie sich als solche in den Dienst einer privilegierten Mehrheit stellen, symbolisch und auf Grund ihrer Identität und Zugehörigkeit zu einer Gruppe inkludiert: Migrant:innen, BIPoC, Jüd:innen, Menschen mit Behinderungen, Rom:nja und Sinti:zze, Geflüchtete, LGBTIQ, Muslim:innen. Weil sie eben „nur" eine Minderheit repräsentieren und das im Sinne der Mehrheit tun sollen. Oder ob – jenseits der Linie – durch ihre Perspektive *und* Expertise ein Wandel im System und in der Gesellschaft entstehen kann. Ob Solidarisierungen und die Veränderung von Privilegien und Machtverhältnissen gewünscht und möglich sind. Das Überschreiten dieser Linie bleibt nicht ohne Folgen.

Die ersten Angriffe erlebte ich über meine Zusammenarbeit mit Muslim:innen. Für mich selbst war Religion nie eine Identität, die ich sonderlich stark befüllte oder gestaltete. Mein Vater ist Muslim, so wie der Großteil seiner Familie. Es ist Teil meines Lebens, meiner Biografie, meiner Familiengeschichte. Viel mehr Selbstverständlichkeit als Politikum. Bis ich merkte, dass meine politischen Auseinandersetzungen und Solidarisierungen mit vor allem jungen muslimischen Aktivist:innen inmitten eines allgegenwärtigen antimuslimischen Rassismus vielen „Linken", aber auch Bürgerlich-Liberalen inner- und außerhalb meiner Partei ein Dorn im Auge waren. Im Grunde machte ich meinen Job: Gespräche, Vernetzungen, Veranstaltungen, Projekte, Presseaussendungen, Anträge, Reden bei den Gemeinderats- und Landtagssitzungen. „Menschen sind nicht illegal und Muslime und Musliminnen sind keine Verbrecher! Wir alle sind Wien und wir lassen uns nicht spalten!" Das habe ich im April 2016 in einer Rede gesagt. Mittlerweile wurde sie auf Social Media fast 100.000-mal aufgerufen und 1000-mal geteilt. Für mich waren das keine besonders mutigen Aussagen, sondern eine selbstverständliche Haltung gegenüber einer Politik, die Muslim:innen permanent abwertet, ausgrenzt, kriminalisiert und dämonisiert. Ich fragte mich eher: Warum sagt denn sonst niemand etwas? Warum spricht überhaupt niemand darüber, wo es doch so offensichtlich ist? Es wird eine Spaltung der Gesellschaft betrieben, und die verläuft entlang bewusst konstruierter Trennlinien. Und mit einer bewusst rassistisch gesetzten Aufladung. Damit bleiben weiter diejenigen an der Macht, die von den bestehenden Verhältnissen profitieren – und sie können sich sicher sein, dass sie damit von den Ungleichheiten und Ungerechtigkeiten ablenken, die sie produzieren.

Innerhalb vieler Spielarten „der Linken" war das schon etwas komplizierter: Da gibt es regelrechte antimuslimische Strömungen, die von rechtskonservativen Positionen kaum zu unterscheiden sind und sich durchaus auch in deren Dienst stellen. Ich weigerte mich, das mitzutragen. Die Schelte folgte auf dem Fuß: Ich hätte eine zweifelhafte Nähe zu zweifelhaften Personen und Organisationen. Ob ich denn nicht wisse, mit wem ich mich da fotografieren ließ. Auf wessen Veranstaltung ich gesprochen und mit wem ich mich vernetzt hätte. Ich solle mich gefälligst von den Muslimbrüdern distanzieren, wurde ich mehrfach öffentlich aufgefordert und drangsaliert. Kontaktschuld mit rassistischen Versatzstücken. Im besten Fall also wurde mir Unwissenheit und Ignoranz unterstellt, im schlimmsten die Nähe zu einer vermeintlich terroristischen Organisation. Parteikolleg:innen schalteten sich ein und sahen ihre Chance gekommen. Lang gehegte Ressentiments gegenüber Muslim:innen oder vor Kurzem entstandene Antipathien mir gegenüber – so oder so mussten sie sich kein Blatt vor den Mund nehmen. Meine Achillesferse war gefunden. Sie funktionierte natürlich nur deshalb, weil ich einen arabischen Namen trage, den Erwartungen an ein arabisches Aussehen entspreche und der arabische Teil meiner Familie auch muslimisch ist. Wie so oft: Der Zweifel nährt die Unterstellungen. Könnte was dran sein? Egal. Irgendwas wird schon hängenbleiben. Die Erzählung zu meiner Person war rassistisch unterfüttert. Sie funktionierte überhaupt erst durch die Differenz. Selbst bei Gruppen und Personen, die davon überzeugt waren, antirassistisch zu sein und zu handeln. Über die Bewertung der Unterschiede wurde Distanz aufgebaut. Deswegen versuchen viele von uns, nicht aufzufallen. Nicht als anders gesehen zu werden. Nicht anzuecken. Sich übermäßig anzupassen und einzufügen. *Tokens.*

Ich hatte schon genug Erfahrung mit Mobbing, aber dies war eine politische Taufe in einer völlig neuen Dimension. Systematische Diskreditierung und Rufschädigung innerhalb von zumindest theoretisch progressiven und inklusiven Gruppen. Dabei ging es – wie häufig – um Isolierung und Entsolidarisierung, Ausgrenzung und Spaltung. Ich erlebte allerdings – von exponierter, aber privilegierter Stelle aus – nur die Spitze des Eisbergs, gepaart mit den üblichen Kämpfen um Macht und Positionierungen. Die muslimischen Aktivist:innen jedoch, die Jugendorganisationen, die Studierenden, die Wissenschaftler:innen, die Frauenrechtsaktivistinnen, die Künstler:innen, die Pädagog:innen, die Kreativen, die Angestellten und die Arbeiter:innen – sie alle waren und sind diejenigen, über deren Abwertung Politik gemacht wird. Und die eigene Aufwertung erfolgt. Sei es als Bestätigung, der „legitime" Teil der Mehrheitsgesellschaft zu sein (und die anderen also nicht). Sei es als Fiktion einer „zivilisierten christlichen Wertegemeinschaft". Oder – am schwierigsten zu entlarven und mit weitreichenden Folgen – als Speerspitze feministischen und antirassistischen Sendungsbewusstseins. Verleumdung und Mobbing von Muslim:innen findet aus unterschiedlichen Beweggründen (aber mit ähnlichen Absichten) im gesamten politischen Spektrum und in allen Parteien statt. In progressiven Kreisen werden die Betroffenen dadurch von Bündnissen und Allianzen ausgeschlossen. Feminismus und Antirassismus werden monopolisiert und Muslim:innen wird damit abgesprochen, selbst feministisch und antirassistisch sein zu können.

Ich habe einen Einblick in diese Dynamiken bekommen, weil ich antimuslimischen Rassismus angesprochen und benannt habe. Bis heute ist es ein Risiko. Manchmal finde ich meinen Namen in einer Presseaussendung der einen oder anderen rechtskonservativen

Partei. Manchmal höre ich auch heute noch als Nationalratsabgeordnete zufällig von den Geschichten, die über mich gesponnen werden und auf kleiner Flamme köcheln. Und manchmal fürchte ich, dass es jemand einmal zu weit treibt mit den haltlosen, aber böswilligen Beschuldigungen. Die Muslimbruderschaft wird in Ägypten als Terrororganisation verfolgt. Mich in ihre Nähe zu stellen, gefährdet meine ägyptische und meine nach Ägypten reisende Familie. Mit dem politischen Mandat ändert sich alles. Auch für eine sichtbar lesbische Feministin wie mich, die seit über einem Jahrzehnt für die Rechte von Sexarbeiterinnen kämpft und sich gegen Vorwürfe der Nähe zu religiös-fundamentalistischen Gruppen wehren musste.

Es war eine harte Schule. Aber es hat mich darin bestärkt, weiterhin gegen Dynamiken des Mobbings und gegen antimuslimischen Rassismus aufzustehen. Sichtbar und laut zu sein und mit den vielen Stimmen aus der Zivilgesellschaft, aus Bündnissen, aus Communities zusammenzuarbeiten, die sich damals meine Rede angehört haben – „Menschen sind nicht illegal und Muslime und Musliminnen sind keine Verbrecher!" – und die mir Motivation und Kraft gegeben haben, weiterzukämpfen. Wir müssen unsere Auseinandersetzungen inhaltlich führen. Dafür müssen wir aber mit all unseren Differenzen als gleichberechtigtes Gegenüber anerkannt sein. Auch wenn wir Rassismus und Diskriminierung ansprechen. Auch wenn wir nicht die Absicht haben, den Status quo aufrechtzuerhalten. Auch wenn wir die Machtverhältnisse verändern möchten. Ich bin nicht in die Politik gegangen, um zu gefallen. Ich bin gekommen, um das System dahinter sichtbarer und veränderbarer zu machen. Um Ungerechtigkeiten zu benennen und dagegen aufzustehen. Auf der Straße und im Parlament.

Mireille Ngosso

WEITERKÄMPFEN!

Als ich 2018 stellvertretende Bezirksvorsteherin wurde, stand ich vor vielen Aufgaben. Zunächst musste ich mich erstmal gründlich einarbeiten. Bis dato hatte ich mich vorwiegend mit Sozialpolitik und Gesundheitsthemen beschäftigt, nun kamen auf kommunaler Ebene neue Sachthemen wie Verkehr und Bezirksentwicklung hinzu.

Gemeinsam mit meinem Kollegen Laurentius Terzic übernahm ich ein eingespieltes Team aus Bezirksrät:innen. Nun galt es, neuen Schwung hineinzubringen und neue Themen zu behandeln, um mehr Menschen und neue Bevölkerungsschichten anzusprechen.

Kurz gesagt, ich musste beweisen, dass ich für den Job genau die Richtige bin und mich zugleich als Frau in der neuen Rolle behaupten.

Ich wusste, die Anfangszeit würde schwierig werden. Wie die Ruhe vor dem großen Sturm verlief die Pressekonferenz, auf der meine Amtsübernahme verkündet wurde, sang- und klanglos. Zahlreiche Medien waren erschienen. Ich stellte meine politische Agenda vor: Da immer weniger Menschen im Ersten Bezirk leben, wollte ich die Innenstadt familienfreundlicher gestalten und auf diese Weise neue Bewohner:innen und vor allem junge Familien in den Ersten holen.

Motiviert und erleichtert brach ich nach Hause auf. Wir hatten trotz Nervosität alles gut über die Bühne gebracht und freuten uns auf unsere Arbeitssitzungen als Team. Als die ersten Artikel erschienen, hob sich meine Laune noch mehr, denn ganz gegen meine Erwartungen fokussierten sie nicht bloß auf meine Wurzeln, sondern schenkten meinen politischen Zielen und Plänen für den Ersten Bezirk Raum. Mein gutes Bauchgefühl hielt an, bis ich ein paar Tage später mit unserem Bezirksvorsitzenden Georg Niedermühlbichler telefonierte und er mich fragte, ob ich mir die niederträchtigen Aussagen auf Social Media nicht allzu sehr zu Herzen nähme. „Nein, nein", antwortete ich wegwerfend. Zu diesem Zeitpunkt kannte ich das Ausmaß der Hass-Welle noch nicht. Ich hatte mir schließlich vorgenommen, rassistische Postings geflissentlich zu ignorieren. Kein Wort wollte ich lesen. Den hasserfüllten Max und Eva Mustermanns, die sich zum Hetzen an den Computer setzen, keinen Raum schenken.

Doch nach dem Telefonat breitete sich ein flaues Gefühl in meinem Magen aus. Ich saß gerade in der Straßenbahn auf dem Weg zur Teamsitzung, als ich über meine Facebookseite scrollte und die Kommentarflut entdeckte, die sich innerhalb weniger Stunden angesammelt hatte. Unter den zahlreichen Markierungen stach mir eine Solidaritätsbekundung von Florian Klenk ins Auge. In diesem Moment wusste ich, noch bevor ich die einzelnen rassistischen und sexistischen Hassbotschaften gelesen hatte: Wenn der Chefredakteur einer renommierten österreichischen Zeitung Stellung nimmt, ist es viel schlimmer, als ich befürchtet habe! Über Nacht hatten nicht nur wütende Mustermanns ihrem Hass freien Lauf gelassen, sondern auch FPÖ-Funktionäre. Zum Verdauen und Kopfzerbrechen blieb keine Zeit. Die erste Teamsitzung stand an. Doch schon am Weg zum Parlament trudelte eine Presseanfrage nach der anderen ein, und als wir schließlich die Sitzung eröffneten, klingelte mein Handy im Minutentakt. Puls4, die Krone, Wien Heute – sie alle baten um eine Stellungnahme, obwohl ich selbst noch gar nicht wusste, was ich denken, fühlen und wie ich auf all den Trubel reagieren sollte. Schließlich riet mir Laurentius: „Mireille, schreib ein Statement, das die Presse zitieren kann, und dann konzentrieren wir uns wieder auf unseren Bezirk." Gesagt, getan. „So viele Menschen haben sich per Mail und Facebook bei mir gemeldet und ihre Solidarität bekundet. Das positive Feedback überwiegt bei Weitem. Ich möchte mich dafür bei euch allen ganz herzlich bedanken. Frei nach Michi Häupl: ‚Mei Österreich is ned deppat'", postete ich. Mit dem Kommentar allein war es dann doch nicht getan und ich verbrachte die nächsten Stunden und Tage damit, selbstbewusst in Kameras zu strahlen. Während ich den Journalist:innen versicherte, dass ich mich nicht unterkriegen lassen würde, ratterte mein Kopf und klagte: „So habe ich mir meine politische Arbeit nicht vorgestellt!" Ich wollte nicht polarisieren. Ich wollte Menschen nicht in die Solidarischen und die Angreifer:innen spalten. Und schon gar nicht wollte ich zum Opfer stilisiert und auf eine stereotype Rolle reduziert werden.

Als ich in die SPÖ eintrat, war für mich klar: Ich bin nicht bloß eine Schwarze Frau, die von Rassismus und Sexismus betroffen ist. Es gibt viele Themen, für die ich brenne. Viele Bereiche, in denen ich mich engagiere. Als Ärztin setze ich mich für eine gute Gesundheitspolitik ein, als Frau und Mutter für faire Bezahlung und ein gerechtes Bildungssystem. Trotzdem drehten sich die Interviews wochenlang nur um meine Herkunft und meine Hautfarbe. Heute kann ich souverän mit solchen Fragen umgehen. Damals gab ich Sätze von mir wie: „Ich möchte Österreich das zurückgeben, was ich bekommen habe." Was für ein furchtbarer Spruch, mit dem ich genau die Stereotype bediente, die ich abschütteln wollte. Nach ein paar Wochen endete der Trubel schließlich. Ich beschloss, mich nie wieder in die Rolle des Opfers drängen zu lassen, und merkte nicht, wie ich mir unbewusst eine neue aufzwang. „Verhalte dich unauffällig!", lautete mein Motto. So glaubte ich, mich vor den Hassbotschaften schützen zu können, die mittlerweile fast täglich in meinem E-Mail-Postfach eintrudelten.

Bereits bei meiner Amtsübernahme hatte meine Mutter mir geraten: „Sprich nicht über Unangenehmes!" Und mein Bruder hatte ergänzt: „Fang bloß nicht an, mit den Leuten zu streiten!" Ich fokussierte also zunächst verstärkt auf die Anliegen des Ersten Bezirks. Schließlich gab es genug zu tun. Neue Sitzbänke, neue Stoppschilder, der Austausch von kaputten Straßenlampen und auch größere Projekte wie die Begrünung der Inneren Stadt standen an. Meine Instagram-Seite schmückten in den ersten Monaten nach meiner Amtsübernahme viele Bilder aus der Inneren Stadt, doch dazwischen mischte sich immer wieder ein Black-Lives-Matter-Post, ein Foto von einer Menschenrechtsdemo und über Genitalverstümmelung, das Recht auf Schwangerschaftsabbruch, bei Gewalt und Hass gegen Frauen konnte ich sowieso nicht schweigen.

Mit der Zeit traten nicht nur Bewohner:innen des 1. Bezirks, sondern immer mehr Menschen aus marginalisierten Gruppen an mich heran und machten mich auf ihre Probleme, Anliegen und Wünsche aufmerksam. Immer öfter wurde ich in Podcasts, Polittalks und zu Interviews eingeladen, um über Diskriminierung und Ungerechtigkeit zu diskutieren. Mir wurde klar, dass ich meine Stimme nutzen musste. Themen wie intersektionaler[6] Feminismus, faire Entwicklungspolitik oder das Wahlrecht für Migrant:innen sind vielleicht bei manchen unbeliebt, aber genauso wichtig wie die Forderung nach einer guten Gesundheitsvorsorge oder leistbarem Wohnen. Obwohl es mich zuerst Überwindung, Kraft und Mut kostete, fühlten sich jedes harte Gespräch und jeder Post im Nachhinein wie ein kleiner Befreiungsschlag an. Die positiven Kommentare und Rückmeldungen schenkten mir zusätzlich neues Selbstbewusstsein und Rückenwind.

Nicht allen gefiel dieser Wandel. Gerade, wenn Weiße Privilegien oder toxische Männlichkeit kritisiert werden, fühlen sich viele Menschen vor den Kopf gestoßen, weil sie nicht in Verbindung mit Diskriminierung gebracht werden möchten.

Nach zwei Jahren harter Arbeit stand meine Wahl bei der internen SPÖ-Listenwahl an. Schon im Vorfeld der Bezirkssitzung verspürte ich ein Bauchgrimmen. Im Bezirk hatten sich neue Sektionen gegründet, die andere Werte vertraten als ich und mir mitunter mit Unmut begegneten. Zumindest mein Bauchgefühl empfand es so. Gleichzeitig wurde ich vom Bezirksausschuss einstimmig und ohne Gegenkandidat:in für die Wiederwahl vorgeschlagen. Ich beschloss also, positiv zu denken, bat meinen Bruder und meine Schwester aber, sich am Wahltag in die vorderen Reihen zu setzen, damit ich mich an ihre lächelnden Gesichter klammern konnte. Bereits der Start verlief unglücklich. Die Moderation kündigte mich als das Kind an, „das mit seinen Eltern aus dem Kongo flüchtete", und ich musste mich in meiner Rede erstmal selbst als Feministin, Ärztin und Mutter vorstellen. Frei von der Leber weg sprach ich über unsere Pläne für den Ersten Bezirk und darüber, was wir bereits umsetzen konnten. In den vergangenen zwei Jahren hatten wir alles gegeben, um den Bezirk familien- und kinderfreundlicher zu gestalten, indem wir unter anderem ein Kindercafé gründeten. Wir hatten mit einem Aufruf gegen die Umwandlung von leistbarem Wohnraum in Airbnb-Apartments gekämpft, neue Bäume gepflanzt und uns für Verkehrsberuhigung eingesetzt. Einige versteinerte Gesichter, die bei meinem Abschlussgruß „Freundinnenschaft!" eine Grimasse zogen, konnte ich mit meiner flammenden Rede trotzdem nicht überzeugen. Die geheime Abstimmung ging mit 46% knapp gegen mich aus. Während einige im Raum zufrieden grinsten, guckten viele betrübt. Eine Freundin erzählte mir später: „Als das Ergebnis verkündet wurde, fühlte auch ich mich abgeschrieben", weil wieder eine Person of Color von der politischen Bühne verschwand. Nicht nur mir, sondern allen, die im Bezirk eng mit mir zusammengearbeitet hatten, wurde an diesem Abend ein Denkzettel verpasst. Ich wurde just in dem Moment abgewählt, als wir immer lauter wurden. Natürlich fühlte sich das erstmal an wie ein Schlag in die Magengrube. Verwunderlich ist es aber nicht. Auch meine Partei ist nur ein Querschnitt der Bevölkerung. Obwohl wir gemeinsam für Gerechtigkeit kämpfen, gibt es Vorurteile in den eigenen Reihen. Natürlich deutlich weniger als bei konservativen und rechtspopulistischen Parteien, die Vorurteile bewusst einsetzen und auf den Rücken von Minderheiten Wähler:innenstimmen sammeln.

Doch wenn Begriffe wie „Weiße Privilegien", „Weißer Feminismus", „Transgender" „Queerness" oder bloß das Wort „Freund:innenschaft" bei Einzelnen auf Unmut stoßen, zeigt das deutlich: Wir müssen uns parteiintern weiter sensibilisieren und unsere Reflexionsarbeit verstärken. Reflektieren musste auch ich erstmal, mir überlegen, was während meiner Amtszeit gut und was schlecht gelaufen war und wie ich in Zukunft auch die Menschen in meiner Partei abholen würde, die ich noch nicht von mir überzeugen konnte. Politisches Amt hin oder her. Mein politisches Engagement würde nicht enden, nur weil ich mein politisches Mandat verloren hatte. Für mich bedeutete das bloß eines: weiterhin verstärkt mit der Zivilgesellschaft zusammenarbeiten. Dort würde ich neue Perspektiven, Kraft und Mut sammeln.

Faika El-Nagashi

SYSTEM CHANGE?

Anerkennung und Sichtbarkeit. Räume und Ressourcen. Zuhören und Zusammenarbeiten. Gesetzliche und strukturelle Verbesserungen. Es gibt eine Reihe von Hebeln in der institutionellen Politik, um Ausschlüsse und Abwertungen zu verringern und die Möglichkeiten für Veränderung zu erweitern. Aber es braucht auch Zeit, um zu verstehen, wie diese Hebel in Bewegung gesetzt werden können. Und es gibt auch legitime Zweifel. Wie kann Rassismus im System durch das System selbst angegangen werden? Die feministische Schwarze Schriftstellerin und Aktivistin Audre Lorde war der Überzeugung: „The master's tools will never dismantle the master's house." Die Werkzeuge der Herrschenden werden niemals das System der Herrschenden niederreißen. Ist also alles vergebens? Seit ich ein politisches Mandat habe, ging es mir darum, Wege zu finden, um die Möglichkeiten des Systems für diejenigen nutzbar zu machen, die sonst zumeist keinen Zugang dazu haben oder nur mit dessen negativen Auswirkungen konfrontiert sind. Manchmal schaffen wir symbolisch wichtige gemeinsame Momente, Veranstaltungen, Demos. Manchmal ist die Finanzierung eines kleinen Projekts oder einer Initiative ein großer Erfolg. Mitunter gelingt die zumindest mittelfristige Absicherung von Arbeitsbereichen durch neue Förderschwerpunkte und Budgeterhöhungen. Und hin und wieder sind sogar strukturelle Veränderungen und damit nachhaltige Verankerungen möglich.

Im Mai 2018 konnte ich die Mitglieder und Freund:innen des Vereins Afro Rainbow Austria (ARA) zu ihrer eigenen Veranstaltung in den Wappensaal im Wiener Rathaus einladen. ARA wurde von und für LGBTIQ-Personen aus afrikanischen Ländern gegründet und arbeitet für deren Rechte und Sichtbarkeit. Sie thematisieren Mehrfachdiskriminierung und Intersektionalität und sprechen nicht nur Rassismus und Homophobie in der österreichischen Mehrheitsgesellschaft an, sondern auch in LGBTIQ-Gruppen und in afrikanischen Communities. Es war ein sehr bewegender und bestärkender Moment, als wir diesen Raum im Rathaus mit den riesigen Wandbehängen, den Wappen der Bundesländer, mit den prunkvollen Lustern an der Decke und mit seiner politischen Bedeutung bis auf den letzten Platz besetzen und mit unseren Stimmen befüllen konnten. *Our spaces. Our stories.* Und für die paar Stunden – und unwiderruflich – wurde der Raum tatsächlich zu *unserem* Raum.

Im Frühjahr 2019 wurde ein Projekt präsentiert, an dem ich die Wochen zuvor gearbeitet hatte und auf das ich stolz bin: „Respekt: Gemeinsam stärker". Ein Präventionsprogramm gegen Vorurteile, Mobbing und Konflikte an Wiener Schulen mit besonderen Herausforderungen in der Förderung der Kinder. Mit einem Budget von 1,2 Millionen Euro. Für eine positive Erfahrung von Vielfalt. Die Schule als Schutz-, Entfaltungs- und Bildungsraum. Ohne Sexismus, Rassismus, Antisemitismus, Nationalismus. All das findet in dem Projekt Berücksichtigung; durch Workshops, Ausbildungen, Veranstaltungen und die Erarbeitung eines gemeinsamen Schulleitbilds. Meine Kollegin, die damalige Frauensprecherin der Wiener Grünen, brachte zusätzlich die Schwerpunktsetzung auf Mädchen- und Burschenarbeit ein. Eine runde Sache. Dass dieses Projekt zustande kam, war Teamarbeit. Und meine wichtigsten Unterstützer dabei waren „alte Weiße Männer". Der eine, der das Budget verhandelte. Der andere, der es mir politisch und inhaltlich übergab. Jeder Erfolg ist Teamarbeit. Auch wenn das öffentlich nicht immer sichtbar wird.

Mit meiner Kollegin, der Grünen Bildungssprecherin, und einer Gruppe engagierter Mitarbeiter:innen gelang es mir Ende 2020, nach dem schrecklichen Terroranschlag in Wien, mit der ÖVP ein Paket im Bereich der Extremismusprävention auszuverhandeln. Mit einem Budget von acht Millionen Euro jährlich. Damit werden unter anderem Traumatherapieplätze aufgestockt – eine langjährige Forderung der NGOs in dem Bereich, deren Therapeut:innen oft ohnehin zum Teil ehrenamtlich arbeiten und lange Wartelisten für die dringend benötigten Therapieplätze haben. Mit den Mitteln werden auch ganz neue Einrichtungen geschaffen, wie etwa eine Anlaufstelle für Extremismusprävention im Sport. Acht Millionen Euro jedes Jahr. Es brauchte viele Hebel dafür. Und es war ein besonders dramatischer politischer Zeitpunkt: Im Fahrwasser des sogenannten „Anti-Terror-Pakets" war es möglich, diese Gelder für die Stärkung von Resilienz aufzustellen. Um Antisemitismus, Rassismus, Extremismus, Radikalisierung und Terrorismus effektiv den Nährboden zu entziehen. Es kam also einerseits zu Verschärfungen von Regelungen, die Muslim:innen in Österreich betreffen und öffentlich auch als solche diskutiert wurden. Und andererseits gab es finanzielle Mittel gegen die soziale Polarisierung und Desintegration der Gesellschaft. Absurd. Eine paradoxe Verbindung. Für sich genommen notwendige und sinnvolle Präventionsmaßnahmen inmitten einer so nicht planbaren politischen Dynamik.

Anderes hingegen kann geplant werden, ist damit aber noch lange nicht umgesetzt. Ich habe von Anfang an Hebel gesucht, um Veränderungen im System anzugehen. Im Bildungsbereich, in der Justiz, in der Verwaltung, bei der Polizei, in den Ministerien, bei Förderschwerpunkten, bei Studienvergaben, bei Evaluierungen, bei Ausschreibungen und Bewerbungsverfahren und bei konkreten Missständen wie *racial profiling* durch Behörden und *hate speech* in der Politik. Bei den Regierungsverhandlungen zwischen den Grünen und der ÖVP im Winter 2019 ist es mir gelungen, dazu einen Nationalen Aktionsplan (NAP) gegen Rassismus und Diskriminierung ins Regierungsübereinkommen zu bringen. Ich meine „gelungen", weil es tatsächlich vehementen Widerstand dagegen gab. Wieso wir unbedingt von Rassismus sprechen müssten, wurde dagegen argumentiert. Und dass dies doch allen Menschen in Österreich unterstellen würde, rassistisch zu sein, wobei die Österreicher:innen immer so viel Gutes getan hätten. Und wozu überhaupt ein weiterer Nationaler Aktionsplan, das sei doch ohnehin nur etwas für die Schublade. Der Nationale Aktionsplan blieb aber im Regierungsprogramm (ja, ebenso wie leider auch eine Reihe von rassistischen Vorhaben) – und seitdem versuche ich, ihn in die Umsetzung zu bringen. Schritt für Schritt.

Dabei wäre dieser NAP gar nicht so revolutionär, wie es durch die politisch motivierte und beharrliche Weigerung den Anschein hat. Artikel 1 der Allgemeinen Erklärung der Menschenrechte verankert die Gleichheit aller Menschen an Würde und Rechten ebenso wie Artikel 7 der österreichischen Bundesverfassung. Bereits 1972 hat Österreich das Internationale Übereinkommen zur Beseitigung jeder Form rassistischer Diskriminierung (ICERD – International Convention on the Elimination of all Racial Discrimination) ratifiziert. Die Vertragsstaaten verpflichten sich darin, jede Diskriminierung auf Grund von rassistischen Zuschreibungen, Hautfarbe, Herkunft, nationaler oder ethnischer Zugehörigkeit mit konkreten politischen und gesetzlichen Maßnahmen zu bekämpfen. Im Rahmen der dritten UN-Weltkonferenz gegen Rassismus 2001 in Durban in Südafrika haben sie sich außerdem dazu verpflichtet, in Konsultation mit Institutionen zur Bekämpfung von Rassismus und der Zivilgesellschaft nationale Aktionspläne gegen Rassismus auszuarbeiten.

Ich habe dieses politische Werkzeug nicht erfunden. Deutschland hat bereits 2008 den ersten „Nationalen Aktionsplan der Bundesrepublik Deutschland zur Bekämpfung von Rassismus, Fremdenfeindlichkeit, Antisemitismus und darauf bezogene Intoleranz“ an die UNO übermittelt. Mittlerweile hat auch die EU einen eigenen Aktionsplan gegen Rassismus beschlossen, der wiederum bis Ende 2022 nationale Aktionspläne in den Mitgliedstaaten vorsieht. Eine ziemliche Mainstream-Forderung ist das mittlerweile also. Und trotzdem Stillstand. Auch NGOs wie das Black Voices Volksbegehren, das erste antirassistische Volksbegehren in Österreich, haben den Nationalen Aktionsplan gegen Rassismus und Diskriminierung schon zu einer zentralen Forderung gemacht. Er wird nicht verschwinden. Aber er wird hart erkämpft sein.

Auf dem Weg dorthin ist ein Meilenstein gelungen: Wir haben im Bundesministerium für Kunst, Kultur, öffentlichen Dienst und Sport ein eigenes „Kompetenzzentrum für Diversität, Antirassismus und Antidiskriminierung" geschaffen. Verankert in der Verwaltung, für die Förderung von Diversität, Diversitätsmonitoring und Diversitätsmanagement und zur Prävention und Bekämpfung von Rassismus und Diskriminierung. Auch das war möglich, weil ich die Eckpunkte dafür schon ins Regierungsprogramm eingebracht hatte – und weil mich andere bei der Umsetzung unterstützten. Im Ergebnis sind eine strukturelle Verankerung, Sichtbarkeit und Ressourcen für Diversitätspolitik, für Antirassismus- und Antidiskriminierungspolitik gelungen. Und ja, ich kann sagen, dass ich auch für diese Art von Ergebnissen in die Politik gegangen bin.

Rassismus und Diskriminierung sind eine Menschenrechtsverletzung. Sie widersprechen nicht nur dem Gleichheitsprinzip, sie sind eine Bedrohung für eine rechtsstaatliche, demokratische und humanistische Gesellschaft und gefährden unsere Sicherheit, unser Wohlergehen und den gesellschaftlichen Zusammenhalt. Und trotzdem setzt sich kaum jemand in der institutionellen Politik jemals dafür ein, das zu benennen oder gar systematisch anzugehen. Ich weiß nicht, wann ich überhaupt jemals eine:n Politiker:in über Rassismus reden gehört habe. Außer diejenigen, die direkt davon betroffen sind. Meine große Motivation hinter dem NAP war immer, endlich eine nachhaltige Antirassismus- und Antidiskriminierungspolitik in Österreich zu verankern. Als Beitrag zur Demokratieförderung und Chancengerechtigkeit, zum Abbau struktureller Barrieren und zur Förderung der gesellschaftlichen Teilhabe. Mit dem NAP sollte das zur Selbstverständlichkeit werden. Eine gesamtgesellschaftliche Aufgabe über alle Politikfelder hinweg, in Zusammenarbeit mit der Zivilgesellschaft, ausgestattet mit angemessenen Finanzmitteln und Ressourcen und getragen von einer adäquaten organisatorischen Struktur.

So etwas braucht Zeit. Ein Nationaler Aktionsplan ist zunächst ein Bericht, der die bestehenden Probleme benennt und Empfehlungen und Maßnahmen erarbeitet. Im nächsten Schritt sollten diese dann mittelfristig umgesetzt werden. Das heißt, es braucht nicht nur die Einbindung von verschiedenen Perspektiven und Expertisen für die Erarbeitung, sondern auch über Jahre hinweg glaubwürdiges politisches Commitment, um dem NAP realpolitisch gerecht zu werden.

Ich weiß nicht, ob ich die Erarbeitung oder gar die Umsetzung des NAP politisch begleiten werde. Aber er ist da. Er liegt auf dem Tisch. Er kann nicht mehr ungedacht werden. Er ist bereits jetzt ein Werkzeug in politischen Debatten zu Antirassismus und Antidiskriminierung. Das sind politische Erfolge. Manchmal sind es neue Wege, die zwar nicht aus dem System herausführen, es aber zugänglicher machen. Manchmal sind es bessere Werkzeuge zum Bearbeiten des Systems. Und manchmal sind es Irritationen, Störungen und Erschütterungen des Bestehenden. Wenn wir in das System hineingehen, verändern wir uns unweigerlich. Wir verändern aber auch das Gegenüber. Es ist ein Anfang.

Mireille Ngosso

GESCHICHTE SCHREIBEN

„Was denken Sie, wie viele werden zur Demo kommen?", fragt mich der einsatzleitende Polizist und begutachtet den grauen Himmel. Eine Wolke nach der anderen verdunkelt den Platz der Menschenrechte, obwohl die Sonne am Morgen noch einen warmen Junitag ankündigte. Ich zögere und überlege einen Moment. Den Facebook-Aufruf zur ersten Black-Lives-Matter-Demonstration hatten hunderte Menschen kommentiert und geteilt. „Ich schätze, so 3000."

„Ist das nicht etwas übertrieben? Wenn's gleich zu strömen anfängt, werden das höchstens 2000 Leute, Frau Ngosso", erwidert der Einsatzleiter skeptisch. „Ja, da haben Sie wohl recht", gebe ich klein bei. 2000 Leute. Das wäre noch immer eine fette Demo. Laute Stimmen, die „Black Lives Matter!" rufen und der Politik zeigen, dass auch in unserem Land rassistische Polizeigewalt nicht toleriert wird.

Zugegeben, so optimistisch dachte ich nicht von Anfang an. Als ich das Video sah, in dem George Floyd um sein Leben flehte, fühlte ich mich wie betäubt. Ich dachte an Cheibani Wague und Marcus Omofuma, die in Österreich wie George Floyd in den USA durch jene Menschen getötet wurden, die den staatlichen Auftrag haben, uns zu schützen. Wie viele Opfer muss es noch geben, bis Menschen nicht mehr aufgrund ihrer Hautfarbe, Herkunft oder politischen Einstellung von der Polizei misshandelt und ermordet werden? Jedes Mal, wenn über einen neuen Fall von Polizeigewalt berichtet wird, fühle ich Wut, Scham, Verzweiflung und Traurigkeit. Wut, weil ich mir denke: „Das gibt's doch einfach nicht. Wieso passiert das immer noch?" Scham, weil mich noch immer das Gefühl begleitet, nicht mit allen über diese Ungerechtigkeit sprechen zu dürfen. „Die Vorwürfe sind absurd. – Das Opfer war aggressiv. – Die wahre Todesursache war ein Herzfehler." Die Abwehrreaktionen auf Polizeigewalt klingen immer gleich.

Ich verzweifle, weil mich ein beängstigender Gedanke plagt: „Egal, wie hart wir kämpfen, es wird sich nichts ändern." Ich bin traurig und erschüttert, weil ich nicht möchte, dass mein Sohn und unsere Kinder in so einer Welt aufwachsen müssen.

Viele Menschen, mit denen ich sprach, quälten nach der Ermordung von George Floyd ähnliche Gedanken, und so klingelte Ende Mai mein Telefon. Mugtaba Hamoudah ein junger Aktivist, der sich schon seit der Oberstufe gegen Rassismus engagiert – also in einem Alter, in dem ich noch nach den richtigen Worten suchte, um andere über das Thema aufzuklären –, sprach mir direkt aus dem Herzen und forderte: „Mireille, wir müssen was tun!"

Wenige Tage später meldeten wir eine Kundgebung an, die wir kurz darauf in eine Demo umwandelten. Schon nach unserem ersten Post zeichnete sich auf Social Media ab, dass deutlich mehr als die hundert Leute erscheinen würden, mit denen wir gerechnet hatten.

Die Organisation der Demo war eine Herausforderung. Allein hätte ich das niemals geschafft. Mein Terminkalender platzte bereits aus allen Nähten und mein Sohn durfte trotz zusätzlicher Arbeit keinesfalls zu kurz kommen. Also blieben nur die Dienstpausen und die Zeit zwischen Visiten, um im Ärztekammerl schnell das Handy hervorzuholen. Redner:innen anschreiben, Route planen, Ordner:innen zusammentrommeln. Demowagen samt DJ organisieren. Aufgrund der Pandemie mussten wir zusätzliche Sicherheitsvorkehrungen treffen. Zum Glück erklärte sich Efua Jarvis von Designs by Efua bereit, „Black Lives Matter"-Masken anzufertigen, die wir auf der Demo verteilen konnten. Bis zur letzten Minute koordinierten Mugtaba und ich, damit alles reibungslos ablief und es für die Polizei keinen Grund zur Klage gab.

Nur aus den Augenwinkeln nehme ich wahr, wie nach und nach die ersten Menschen eintrudeln, während ich der Presse kurze Interviews gebe. Dann geht es auch schon los und ich springe neben Mugtaba auf den Demowagen. Mein Atem stockt. Neben dem Marcus-Omofuma-Denkmal tummeln sich hunderte Menschen. Der Platz der Menschenrechte ist voll. Ich blicke zum Museumsquartier hinüber, wo sich dicht an dicht die Menschen drängen und weitere aus der 400 Meter entfernten U-Bahnstation und den Straßenbahnhaltestellen vor dem Volkstheater zu uns strömen. Ich blicke nach rechts zur Ringstraße, und Tränen steigen mir in die Augen. Zehntausende Menschen halten „I can't breathe"- und „Silence is violence"-Schilder hoch und trotzen dem einsetzenden Regen. Mugtaba und ich schauen uns an. Dann setzt sich der Demowagen ruckelnd in Bewegung, und die nächsten Stunden dröhnt „Black Lives Matter!" aus 50.000 Mündern durch die Innenstadt. simon INOU meint später, auf den ersten Demos, die er vor Jahrzehnten gegen rassistische Polizeigewalt organisiert hatte, seien nicht mehr als ein paar Dutzend Menschen gewesen. Ich kann nicht in Worte fassen, wie sehr mich dieser Tag berührt. Der 4. Juni 2020 wird mir für immer in Erinnerung bleiben. Noch nie habe ich so eine unfassbare Solidarität erlebt. Die Mehrheit der Demonstrierenden ist nicht von Rassismus betroffen, trotzdem gehen sie mit uns auf die Straße. Nur wenn wir gemeinsam laut sind, können wir Veränderung anstoßen. Auch die Medien springen auf den Zug auf, berichten nicht mehr nur über die Probleme in den USA, sondern ziehen Verbindungen zum strukturellen Rassismus in Österreich. Noch in derselben Nacht gebe ich ein Interview für den ORF. Am nächsten Morgen schneie ich mit tiefen Augenringen in die Morgenbesprechung im Spital. Als ich den Raum betrete, richten sich alle Blicke auf mich. „Das warst du?", platzt ein Kollege heraus.

„Das waren wir!", denke ich und juble innerlich. Und wir hatten es nur dank unseren Vorkämpfer:innen geschafft. Dank simon

INOU, Beatrice Achaleke, Charles Ofoedu, Araba Evelyn Johnston-Arthur, Vanessa Spanbauer und so vielen mehr.

Nach diesen anstrengenden Tagen hätte ich mir am liebsten eine Woche Urlaub gegönnt. Für eine Verschnaufpause bleibt aber keine Zeit. Nicht nur die Zivilbevölkerung, sondern auch die Regierung muss handeln, ihr Versprechen einlösen und endlich einen Nationalen Aktionsplan gegen Rassismus umsetzen. Mugtaba und ich versammeln deshalb in den Tagen nach der Demo Aktivist:innen und Menschenrechtsorganisationen an einem Tisch. Gemeinsam gründen wir Black Voices und stellen Forderungen für Österreichs erstes Antirassismus-Volksbegehren auf.

Fast zeitglich startet mein erster eigener Wahlkampf. Trotz meines Rauswurfs und obwohl ich kein politisches Amt mehr innehabe, schlägt mich die SPÖ als Kandidatin bei der Wien-Wahl am 11. Oktober 2020 vor. Das ist alles andere als selbstverständlich. Der starke Rückhalt zeigt mir deutlich, wie sehr meine Arbeit vom Bürgermeister und vielen meiner Parteikolleg:innen geschätzt wird.

Um den Wahlkampf gut zu meistern, brauche ich Verstärkung. Ich organisiere ein Meet&Greet und bin überwältigt, weil ich dutzende wundervolle Menschen treffe, die mich im Wahlkampf unterstützen wollen. In den folgenden Wochen ziehen wir mit Flyern durch die Stadt und plaudern mit Jung und Alt. Erst jetzt wird mir klar: Vorzugsstimmen sammeln ist unfassbar schwierig. Die meisten Menschen, mit denen ich spreche, ziehen überrascht die Augenbrauen in die Höhe, wenn ich ihnen erzähle: „Ihr könnt auf dem Wahlzettel nicht nur eure Partei ankreuzen, sondern auch eure:n Lieblingskandidat:in aufschreiben." Bei der Wahl stimmen knapp 4000 Menschen für mich. Damit bin ich in der SPÖ die Kandidatin mit den viertmeisten Vorzugsstimmen, lande wienweit unter den Top 10 und sogar noch vor dem Vizebürgermeister Christoph Wiederkehr. Dass mir so viele Menschen ihr Vertrauen geschenkt haben, berührt mich zutiefst und gibt mir die Kraft, die nächsten Wochen durchzustehen. Am Wahlabend erfahre ich zwar, dass die SPÖ Wahlsiegerin ist, aber noch immer ist nicht sicher, wie viele Mandate wir bekommen werden, und ob auch ich auf einen Platz im Gemeinderat und Landtag hoffen darf. Die nächsten Wochen sind eine Zitterpartie. Erst wenige Tage vor der ersten Gemeinderatssitzung erreicht mich der erlösende Anruf, und obwohl ich Luftsprünge mache, fühlt sich die Situation surreal an. Nervös werde ich erst kurz vor der Angelobung. Ich düse vom Nachtdienst nach Hause und klingle panisch meine Freundin aus dem Bett, weil mir das Outfit, das ich am Vortag ausgesucht habe, nun doch nicht passend erscheint. Während ich mich hastig schminke, wählt Fatima einen karminroten Hosenanzug und einen schwarzen Blazer für mich aus. Mein Telefon klingelt und unsere Kommunikationschefin erkundigt sich angespannt: „Wo bist du?" – „Gleich im Taxi", krächze ich und stürme aus der Haustür. Als ich endlich die Rathausstufen hinaufsprinte, erwartet mich die Presse. „Oh mon dieu", denke ich, zupfe rasch meinen Hosenanzug zurecht und stelle mich lächelnd vor die Kameras. Erst, als ich meine Hand hebe und die Gelöbnisformel aufsage, komme ich im Hier und Jetzt an. Auf einmal durchströmt mich unbändige Freude. „All die harte Arbeit hat sich gelohnt", denke ich, als ich zurück zu meinem Stuhl schlendere. Dieser Moment ist historisch. Nur wenige People of Color haben es in den Gemeinderat geschafft. „Du bist die erste Schwarze Frau, die diese Stadt auf Gemeinderats- und Landtagsebene mitregieren darf. Dies war nur möglich dank all der Menschen, die mich im Wahlkampf unterstützt und gewählt haben. Ich bin unendlich dankbar für diese Unterstützung und voller Demut. Gemeinsam haben wir Geschichte geschrieben!", frohlockt meine innere Stimme, während ich mit breitem Lächeln die prunkvoll verzierte Decke des Festsaals bewundere. Erleichtert atme ich auf und wende den Kopf. Vor mir erblicke ich die FPÖ-Fraktion und meine Miene verfinstert sich. „Mit denen sitzt du jetzt im Landtag", stellt meine innere Stimme nüchtern fest. „Mireille, es gibt verdammt viel zu tun."

Ich weiß, auf mich kommen neue, große Herausforderungen zu. Doch meine bisherige politische Karriere war wie mein Leben ein Auf und Ab. Ich bin also bestens gewappnet für den Kampf um meine Ziele. Ab jetzt heißt es: Brücken bauen. So oft wie möglich möchte ich Politiker:innen, Expert:innen und die Zivilgesellschaft an einen Tisch bringen, damit wir gemeinsam unsere Stadt gestalten. Für Herbst 2022 plane ich den ersten „Wiener Tag gegen Rassismus", der in Zukunft jährlich stattfinden soll. Eines meiner Ziele ist, dass Wien eine Vorreiterrolle in der Rassismusbekämpfung einnimmt und als erstes Bundesland in Österreich einen Aktionsplan gegen Rassismus verabschiedet.

Die SPÖ war immer eine Partei, die gegen Ungerechtigkeit gekämpft hat, die sich für jene Leute einsetzt, die nichts geschenkt bekommen, die hart arbeiten und es trotzdem schwer haben. Dazu gehören auch Menschen, die von Rassismus und anderen Diskriminierungen betroffen sind. Auch für sie sind wir zuständig. Gemeinsam haben wir viel für Wien erreicht. Nun gilt es, den Kampf auf neuer Ebene fortzusetzen.

Faika El-Nagashi

UBUNTU[7]

Im Mai 2019 zerbrach die ÖVP-FPÖ-Regierung unter Bundeskanzler Sebastian Kurz. Es war die dritte Schwarz-blaue Koalition beziehungsweise die erste Türkis-blaue. In den 17 Monaten der rechtskonservativen Regierung, seit Mitte Dezember 2017, gab es eine Reihe unrühmlicher Höhepunkte: Umfärbungen in den Ressorts und Top-Jobs für rechte und deutschnationale Burschenschafter; etliche antisemitische und rassistische Skandale bei der Regierungspartei FPÖ, von Neonazi-Vokabular über antisemitische Liederbücher bis zur mehrfachen Verharmlosung des Nationalsozialismus; ein neues Arbeitszeitgesetz, das den 12-Stunden-Arbeitstag ermöglicht; massive Einschnitte beim AMS-Budget, unter anderem die Beendigung der „Aktion 20.000" und des Beschäftigungsbonus für ältere Langzeitarbeitslose; die Indexierung der Familienbeihilfe für Arbeitnehmer:innen aus anderen EU-Staaten und damit die Anpassung an die Lebenshaltungskosten des Wohnstaates des Kindes – für viele der Betroffenen, vor allem osteuropäische Pflegerinnen, gleichbedeutend mit einer massiven Kürzung. Budgets für die Asyl-Grundversorgung, für Asylberechtigte am Arbeitsmarkt, für Integration an Schulen und für Deutschförderlehrer:innen, die AMS-Mittel für das Integrationsjahr und die Budgets für Integrationsförderungen wurden massiv gekürzt. Quer über alles drüber: tägliche Demagogie gegen Migrant:innen, gegen Geflüchtete, gegen Muslim:innen.

Die Stimmung war bedrückend. Am schwerwiegendsten war wohl, dass die FPÖ durch die Regierungsbeteiligung rehabilitiert wurde und an die Schalthebel der Macht gelangte. Was in den Monaten dieser Regierung als Normalität zementiert wurde, ist nur schwer wieder rückgängig zu machen. Ein Fehler, der nie wieder passieren sollte. Seit dem 4. Oktober 2018 fanden Donnerstagsdemos statt, benannt nach den wöchentlich donnerstags stattfindenden Protesten, die bereits gegen die Regierungen Schwarz-blau I (2000–2003) und Schwarz-blau II (2003–2005) organisiert worden waren. Gegen Rassismus, Sozialabbau und das Aufweichen demokratischer Strukturen. Anlass dafür gab es mehr als genug. FPÖ-Innenminister Herbert Kickl wollte Asylsuchende „konzentriert" an einem Ort halten und benannte die Erstaufnahmezentren für Asylwerbende in „Ausreisezentren" um. Muslim:innen und der Islam in Österreich wurden unter den Generalverdacht von Parallelgesellschaften, Integrationsverweigerung und Radikalisierung gestellt. Ausdruck des gemeinsamen ideologischen Überbaus dieser Regierung. Noch am 15. Mai 2019 beschlossen ÖVP und FPÖ das Kopftuchverbot für Volksschülerinnen im Nationalrat (mittlerweile vom Verfassungsgerichtshof aufgehoben). Nur wenige Tage später änderte sich alles.

Am 17. Mai 2019 zogen wir in einer kleinen Demo über die Mariahilfer Straße zum Platz der Menschenrechte. Es war IDAHOBIT, der Internationale Tag gegen Homo-, Bi- und Transphobie, und es war eine gute Gelegenheit, wieder mit der LGBTIQ-Community zusammenzukommen. Bei der Abschlusskundgebung traf ich einen Kollegen, der mich angrinste und fragte: „Und, kandidierst du?" Ich kannte mich nicht aus. „Hast du das Video nicht gesehen?" Dann zeigte er mir auf seinem Handy Ausschnitte aus dem Ibiza-Video. FPÖ-Chef Strache im Schlabberleiberl, Glas in der einen, Tschick in der anderen Hand. Am Couchtisch vor ihm etliche Flaschen, WG-Party-Feeling. Neben ihm steht sein FPÖ-Vize Gudenus, die Finger beider Hände zu einer Pistolengeste verschränkt. Allem Anschein nach ein feuchtfröhlicher Abend in kleiner Runde –

jedoch mit politischer Brisanz. „Ist das echt?“, fragte ich ungläubig. Später an diesem Abend saßen wir zum IDAHOBIT-Ausklang in einem Lokal, im Hintergrund liefen die Fernsehnachrichten auf großer Leinwand. Korruption, Bestechlichkeit, Parteispenden für Gegengeschäfte und Mediendeals standen im Raum. Wie würde es weitergehen? Die einen waren sich sicher: Neuwahlen! Die anderen, zu denen ich gehörte, waren skeptisch: Ob das wirklich genug ist? Schließlich sind wir in Österreich.

Am nächsten Tag versuchte ich mir durch die dicht gedrängte Menge am Ballhausplatz einen Weg zu dem kleinen Bus zu bahnen, von dem bereits laute, aber wenig verständliche Redebeiträge ertönten. Es war früher Nachmittag und sehr sonnig. „Du wirst heute sprechen wollen!“, hatte mir ein paar Stunden davor eine Kollegin mit Nachdruck gesagt, als sie mir anbot, bei der spontan organisierten Kundgebung zu reden. „Es wird historisch.“ Wir waren beide zivilgesellschaftlich engagiert und es war nicht ungewöhnlich, dass auch ich als Politikerin für unser Bündnis, die „Plattform für eine menschliche Asylpolitik“, sprach. Was sich am Ballhausplatz abspielte, hatte ich nicht erwartet: Der Platz war voll mit tausenden Menschen, viele langjährige Mitstreiter:innen, Freund:innen, Kolleg:innen aus befreundeten Organisationen und Netzwerken und nicht zuletzt Bekanntschaften, die auf den unzähligen Demos seit der Angelobung dieser Regierung entstanden waren. Aktivist:innen mit Flucht- und Migrationsbiografien, aus Frauen- und Menschenrechtsorganisationen, aus antirassistischen Initiativen wie der Gruppe #nichtmituns; Schüler:innen und Studierende und die „Omas gegen Rechts“. Die Stimmung war von Hoffnung getragen – und einer großen Erwartung: Neuwahlen.

Einige Reden später, vorwiegend von SPÖ-nahen Kolleg:innen, stieg ich über eine kleine Leiter auf das Dach des Busses, wo zwei Lautsprecher fixiert waren. Der Blick von oben war unglaublich. Strahlende Gesichter, eine euphorische Stimmung. Endlich! Endlich sah die ganze Welt das wahre Gesicht der FPÖ. Was wir immer gesagt haben. Aber es brauchte wohl ein Video dazu. „Wir sind noch nicht fertig“, rief ich. Die FPÖ war das Eine, aber diese ÖVP war ihr Steigbügelhalter. Diese Regierung, die Rassismus, Sozialabbau und die Angriffe auf den Rechtsstaat normalisierte, musste weg. „Wir sind noch nicht fertig!“ Hoffnung in den Gesichtern.

Die Nachrichten an dem Tag ließen auf sich warten. Kurz nach 20 Uhr schließlich trat der Bundeskanzler vor die Presse und verkündete Neuwahlen. Die Sektkorken knallten. Ein Gefühl der Erleichterung. Ein politischer Albtraum ging zu Ende. Am nächsten Tag stand fest: Im September wird gewählt. Im Stundentakt erreichten mich Nachrichten und Anrufe. Fragen und Zuspruch. Das Thema war klar: Was machst du jetzt? Innerhalb von 24 Stunden entschied ich: Ich würde kandidieren.

Die Bundespolitik hatte mich bis dahin wirklich nicht angezogen. Ich war politisch in Wien zu Hause. Aber ich war auch in den antirassistischen Bewegungen verankert, die mir in den Wochen und Monaten davor Orientierung und Kraft gegeben hatten. Ich hatte schon einmal ein unmöglich scheinendes Unterfangen geschafft, meinen ersten Sprung in die Politik in Wien. Nahezu unbekannt und für viele ein unbeschriebenes Blatt. Das war ich nun nicht mehr – aber wäre das ein Vor- oder Nachteil? Ich wusste: Ich schaffe das nicht alleine. Nur mit meinen Mitstreiter:innen aus der Zivilgesellschaft. Wenn es mir gelingen sollte, auf die Ebene der Bundespolitik zu wechseln, würde ich mich den politischen Bewegungen gegen Rassismus und Sozialabbau und für eine Welt, getragen von globaler und sozialer Gerechtigkeit verschreiben. Nicht nur, um eine Wahl zu gewinnen, sondern vor allem, um die Zeit danach zu gestalten. Damit es Sinn machen würde, dass genau ich dann eine von 183 Nationalratsabgeordneten wäre. Damit es einen Unterschied machen würde.

Ich wusste nicht, wie es weitergehen würde und ich hatte kein Drehbuch dafür, aber ich machte mich auf den Weg. Ich hatte einige Wochen bis zur internen Wahl auf der Landesversammlung der Grünen. Ich bat um Unterstützung – und alle kamen. Ein Freund drehte ein wunderbares Video mit mir für meine Kandidatur. Wir saßen bis vier Uhr in der Früh zusammen und bastelten an Botschaft, Text, Sound, Feeling. Das Material dafür entstand bei Pressekonferenzen, Veranstaltungen, Demos – und alle, bei denen ich nachfragte, ob es für sie okay wäre, wenn sie jetzt in meiner „Wahlwerbung" vorkämen, waren einverstanden. Egal, ob sie aus einer anderen Partei oder parteilos waren, in NGOs organisiert oder Einzelpersonen. Mireille sprach mir immer Mut zu und stand an meiner Seite, als ob es ihre eigene Kandidatur wäre. Manche nahmen sich für zusätzliche Drehs extra Zeit und alle gaben mir jede Unterstützung, die sie konnten. In meinem Video waren Schwarze Menschen, People of Color, Geflüchtete, Migrant:innen, Muslim:innen, queere Menschen. Meine Communities. Ich trat mit dem Slogan an: „Kein more of the same!" Und ich meinte es ernst damit. Es sollten sich die Inhalte der Politik ändern, aber auch die Prozesse und schließlich die Personen. Ende Mai erhielt ich dann eine ganz besondere Ehrung: den „Black Austrian Award" für mein politisches Engagement. Eine Community-Auszeichnung, die mir von *fresh,* dem *Black Austrian Lifestyle Magazin,* und dem Herausgeber und Journalisten simon INOU verliehen wurde. Ich war bewegt, gerührt und vor allem gestärkt.

Als ich im Juni 2019 auf der Bühne der Grünen Landesversammlung stand und meine Rede zur Wahl als Kandidatin für die Nationalratswahl hielt, blickte ich in viele vertraute Gesichter. Die meiner Parteikolleg:innen natürlich – und all jener, die meinetwegen gekommen waren: Freund:innen und Mitstreiter:innen. Ich sah sie, ich hörte sie, ich spürte sie. *Ubuntu.* Ich bin, weil wir sind.

Ich wurde auf Platz 5 der Wiener Liste gewählt, keinesfalls ein sicherer Sitz im Nationalrat. Bis September war es ein langer Wahlkampf, dann schließlich ein fulminantes Wahlergebnis und Comeback der Grünen, nachdem sie nach der vorherigen Wahl aus dem Nationalrat geflogen waren. Am 23. Oktober 2019 wurde ich als Abgeordnete zum österreichischen Nationalrat angelobt. Ich leistete die Angelobung zweisprachig: auf Deutsch und, als anerkannte Minderheitensprache, auf Ungarisch mit dem Zusatz *esküszöm,* ich gelobe.

Es folgten turbulente Wochen und nächtelange Verhandlungen über eine Koalition und ein gemeinsames Regierungsprogramm mit der ÖVP. Ja, mit derselben ÖVP unter Sebastian Kurz, den wir nun abermals zum Kanzler machen würden. Ich fand mich in einer Verhandlungsgruppe wieder, über die in den Medien als „Horrorgruppe“ berichtet wurde. Asyl, Migration, Integration. Und nach den Verhandlungen hieß es von der neuen Regierungsspitze, wir machen „das Beste aus beiden Welten“. Wir waren nun in einer Koalition mit der ÖVP, die ohne Genierer sagte, sie mache „rechte Politik mit Anstand“. Eines war mir gelungen, ja: der Nationale Aktionsplan gegen Rassismus und Diskriminierung stand im Regierungsprogramm. Doch es war ein insgesamt rassistisch durchwirktes Regierungsprogramm. Was konnte ich nun noch bewirken? Sollte ich rote Linien ziehen? Geht das vorab überhaupt? Wann ist es genug? Viele Grenzen haben sich in den darauffolgenden Monaten verschoben. Viele wurden überschritten. Pandemie, Moria und Kara Tepe, Islamlandkarte und antimuslimischer Rassismus, ein Terroranschlag, Kinderabschiebungen, die Taliban in Afghanistan, verzweifelte Menschen an den EU-Außengrenzen, in Bosnien und Belarus.

Die Arbeit in einer Regierungspartei folgt einer bestimmten Koalitionsräson. Einander nicht überstimmen, Projekte gemeinsam tragen, das Regierungsprogramm als Richtschnur abarbeiten. Das ergab etliche schmerzhafte politische Momente. Nun mag es sein, dass manche meinen, so wäre die Politik nun einmal. Voller Kompromisse. Mehr Verantwortung, weniger Gesinnung. Das echte Leben also und nicht die Utopie. In der Politik wird für die Härte des machtpolitischen Business gerne ein Bild gezeichnet: „If you can’t stand the heat, get out of the kitchen.“ Wenn es dir also zu brenzlig ist, dann geh. Sollte ich aufhören? War die Hitze das Problem oder vielleicht doch die Küche? Warum verbreiten wir nicht ein Bild, das dieses System hinterfragt und verändert? Warum können wir nicht Fenster und Türen öffnen, wenn es in der Küche zu heiß wird, so wie wir es doch im echten Leben auch machen würden? Warum kochen wir nicht draußen im Freien, wenn es sich drinnen überhitzt? Ich spürte, wie das System versuchte, mich auszuspucken. Auch mich würgte es. Wir schmeckten einander nicht. Aber ich war gerade erst Nationalratsabgeordnete geworden. Ich hatte das mit so vielen, die diese Chance nie haben würden, erkämpft. Ein gemeinsamer *struggle.* Wir waren noch nicht fertig. Und ich würde nicht aufgeben.

Mireille Ngosso

GEMEINSAM MEHR ERREICHEN

Politik auf Bezirksebene und Stadtpolitik sind zwei Welten. Das merke ich bereits bei den ersten Sitzungen im Rathaus. Großer Saal, 100 Abgeordnete, viele Anträge und ein rauerer Ton.

Natürlich waren wir auch in der Inneren Stadt nicht immer einer Meinung und bei den Bezirksvertretungssitzungen ging es mitunter heiß her. Doch kaum verließen wir die Bühne, zogen wir meist an einem Strang. Zugegeben, auf Stadtebene geht es um kniffligere Probleme, die längere Auseinandersetzungen und Diskussionen erfordern. Aber genau deshalb ist eine enge Zusammenarbeit zwischen Regierung und Opposition unumgänglich. Politik bedeutet nicht, sich gegenseitig die Köpfe einzuschlagen oder einander auszurichten, wie schlecht man ist. Unsere Aufgabe als Politiker:innen ist es, gemeinsam für die Menschen in unserem Land das Beste zu erarbeiten. Das Hickhack und die gelegentlich fehlende konstruktive Zusammenarbeit sind mit Sicherheit ein Grund, weshalb immer weniger Menschen Lust verspüren, sich politisch zu engagieren. Das ist verständlich. Doch am Ende schaden wir uns damit nur selbst. Klar, in der Politik läuft manches schief. Das muss sich ändern. Intrigen, Postenschacher, Freunderlwirtschaft, Korruption und Steuergeldverschwendung – die Liste politischer Verfehlungen, die wir in letzter Zeit erdulden mussten, ist lang. Frauen und Minderheiten sind bis heute in politischen Ämtern unterrepräsentiert. Gewachsene innerparteiliche Strukturen und Traditionen stellen oft eine Hürde fürs Mitmachen dar. An einer Kundgebung um zehn Uhr vormittags können nur Berufspolitiker:innen, Pensionist:innen und vielleicht ein paar Studierende teilnehmen. Politik muss geeignete Rahmenbedingungen schaffen, damit alle die Möglichkeit haben, sich einzubringen. Nicht ohne Grund erscheinen wir Berufspolitiker:innen oft abgehoben, realitätsfern und unnahbar. Das Gefühl, dass sich (manche) Politiker:innen nicht für die Probleme, Sorgen und Anliegen der Bürger:innen interessieren, höre ich oft genug. Wir müssen deshalb wieder lernen, zuzuhören und entsprechend aktiv zu werden. Gemeinsam können wir diese veralteten Strukturen und Traditionen durchbrechen. Dafür braucht es uns alle, denn Demokratie lebt von Beteiligung. Beteiligung ist allerdings auch ein Privileg. In manchen Ländern darf die Bevölkerung nicht mitreden. Selbst in Österreich darf ein Drittel der Wiener:innen nicht wählen, weil in ihrem Pass eine andere Nationalität steht. Anders ausgedrückt: Menschen, die hier ihren Lebensmittelpunkt haben, hier wohnen, hier arbeiten oder sogar hier geboren sind, dürfen kein Kreuz bei der Partei machen, die sie vertreten soll. Sie dürfen auch nicht selbst als Politiker:innen bei Wahlen antreten. Ihre Möglichkeiten, dieses Land mitzugestalten, werden damit maßgeblich beschränkt. Es gibt auch viele Menschen, die sich aus anderen Gründen nicht in einer Partei einbringen können, weil ihnen die zeitlichen und ökonomischen Ressourcen fehlen, weil der Existenzkampf ihre Kräfte gänzlich verbraucht. Mitunter sind das aber genau die Menschen, die trotzdem ihre letzte Freizeit nutzen und sich in einer Gewerkschaft oder aktivistisch engagieren. Anders als die meisten anderen haben sie nicht das Privileg, sich auszuruhen, sondern müssen um die Verbesserungen ihrer prekären Lebensbedingungen kämpfen.

Eine politische Sitzung dauert so lange wie ein Kinobesuch und findet meist ein- oder zweimal im Monat statt. Für einige von uns ist das zeitlich vereinbar, aber viele wollen nicht sofort einer politischen Partei beitreten. Das ist verständlich. Vielleicht denkst du: „Ich würde mich ja engagieren, aber keine Partei passt zu mir“, oder: „Alle Politiker:innen sind korrupt. Die einen sind zu konservativ, die anderen sind zu elitär. Keine Partei hält ihre Versprechen. Und überhaupt setzen sich alle für die falschen Werte ein. Wieso soll ich mir das antun?“ Gegenfrage: Wie viele Parteien hast du dir angeschaut? Kennst du die politische Arbeit nur aus dem Fernsehen oder hast du mit eigenen Augen gesehen, was Jugendorganisationen, Sektionen und Verbände leisten? Keine Partei wird sich in deine Partei verwandeln, wenn du dich nicht einbringst. Wenn du sie nicht von innen veränderst. Denn draußen bleibt deine Kritik garantiert ungehört. Schließlich bilden wir die Parteien. Wir müssen uns für unsere Anliegen und Belange selbst einsetzten. Nicht nur in der Zivilgesellschaft, sondern auch in politischen Institutionen, denn dort werden die Gesetze gemacht, die unser Zusammenleben regeln. Dort wird bestimmt, dass es okay ist, wenn Frauen aufgrund des Gender-Pay-Gaps weniger verdienen, dass racial profling nicht ausreichend sanktioniert wird, dass eine 60-Stunden-Woche kein Problem ist und dass Carearbeit und ehrenamtliches Engagement nicht finanziell entlohnt werden müssen. Deshalb musst du genau dort aktiv werden.

Es stimmt, dass nicht immer alles rund läuft in den Parteien, auch nicht in der SPÖ. Es ist für Frauen und Angehörige marginalisierter Gruppen auch heute schwierig, innerhalb der Politik bis in die Spitze vorzudringen. Wollen wir weitere Jahrzehnte warten, bis sich die Strukturen verändern?

Als ich im Sommer 2021 für den Vorsitz der SPÖ-Frauen kandidierte, ging ich als Außenseiterin ins Rennen. Ich rechnete nicht mit einem Sieg. Trotzdem wollte ich für meine frauenpolitischen Forderungen kämpfen und gemeinsam mit meinen Genossinnen über neue Ideen und Ziele diskutieren, unabhängig davon, ob ich am Ende gewann oder nicht. Genau das macht für mich Demokratie aus. Auch innerhalb einer Partei müssen Menschen die Möglichkeit haben, zwischen verschiedenen Programmen wählen zu können. Wenn ich die Kandidatur nicht gewagt hätte, hätte ich niemals die Chance erhalten, die unterschiedlichsten Frauen und ihre Sorgen und Nöte kennenzulernen und neue Freundschaften zu schließen. Und das war schließlich der größte Gewinn.

Am Tag der Wahl war ich überzeugt, dass ich gleich bei der ersten Runde rausfliegen würde. „Mireille, lass dich nicht unterkriegen. Du hast dein Bestes gegeben. Komme, was wolle, und wenn es nur ein paar Prozent sind, du hast die Chance bekommen, deine Ideen vielen Frauen zu präsentieren." Wie ein Mantra spulte meine innere Stimme diese Sätze ab. Dann die große Überraschung: Ich hatte es in die Stichwahl geschafft. Das hieß für mich: erstmal aufs Klo rennen und schluchzend meinen Mann anrufen. Der meinte belustigt: „Wieso heulst du, wenn du weiter bist!" – „Na, weil ich dachte, ich bin ganz allein und niemand findet meine Ideen gut." Am Ende wurde Eva Maria Holzleitner mit 55 zu 45 Prozent zur neuen Bundesfrauenvorsitzenden gewählt. Wir strahlten uns an und ich durfte sie als Erste in den Arm nehmen und ihr gratulieren. Ich freute mich aus ganzem Herzen für sie und war zugleich zutiefst berührt, dass ich auch so viel Zuspruch bekommen hatte. Er zeigte mir deutlich: In einer großen Partei wie der SPÖ wirst du immer Verbündete finden, die dieselben politischen Ziele verfolgen wie du. Wenn du Politiker:innen an der Spitze sehen willst, die deine Interessen vertreten, reicht es nicht, wenn du ihnen bei Nationalrats- und Landtagswahlen deine Stimme gibst. Politiker:innen, die traditionelle Strukturen verändern wollen, fangen meist als Einzelkämpfer:innen an. Du musst sie also auch innerhalb der Partei unterstützen und stärken, damit sie es bis auf den Wahlzettel schaffen.

Politische Arbeit bedeutet nicht, dass du all deine Kraft opfern musst. Du musst nicht an vorderster Front für Veränderung kämpfen und dich allen Schlammschlachten aussetzen, die die Politik zu bieten hat. Die wenigsten Parteimitglieder sind Berufspolitiker:innen. Doch deine Stimme ist wichtig, ob als Spitzenpolitiker:in oder an der Basis. Insbesondere als Frauen, BIPoC und Angehörige marginalisierter Gruppen haben wir ein Recht darauf, mit unseren Interessen in politischen Parteien und etablierten Strukturen repräsentiert zu sein. Überlass' politische Posten nicht den Rechtspopulist:innen, den Burschenschaftlern oder den machthungrigen Politiker:innen. Wage dich in die Politik und fordere das Recht ein, dein Land mitzugestalten.

3
VERÄNDERUNG

Mireille Ngosso

SCHWEIGEN HILFT UNS NICHT

Mein Herz klopft bis zum Hals. Ich spüre die Last der Blicke und begreife nicht, weshalb ich als Volksschülerin plötzlich im Zentrum der Aufmerksamkeit stehe. Wieso hängen die Erwachsenen gebannt an meinen Lippen? Warum erwarten sie so ungeduldig eine Antwort auf eine Frage, die so unangenehm ist, dass ich darauf überhaupt nichts erwidern will?

Der Sektionsabend hat heiter angefangen. Meine Eltern haben kongolesisches Essen mitgebracht. Während wir Hühnchen mit Reis und Kochbananen mampfen, projiziert mein Vater Bilder von Kinshasa an die Wand und erzählt über das Leben im Kongo. Meine Mutter krönt den Abend mit einer Modenschau, bei der mehrere Damen kongolesische Trachten präsentieren. Als Dank ernten meine Eltern Lob, Gelächter und eine neugierige Frage nach der anderen. Die Stimmung ist so ausgelassen, dass ich nicht bemerke, wie sie kippt, als eine Frau im mittleren Alter ein besonders heikles Thema anschneidet. Sie dreht sich zu mir um und erkundigt sich: „Ist dir schon einmal etwas Ausländerfeindliches passiert?" In ihrem Tonfall schwingt eine Erwartung mit. Aber zu diesem Zeitpunkt bin ich zu jung, um zu begreifen, dass sie auf ihre Frage eine ganz bestimmte Antwort hören möchte. „Also", druckse ich herum und schlucke. Im Raum ist es mucksmäuschenstill. Mein Blick huscht zu meinen Eltern. Ihre Schultern sind angespannt. Ihre Augen funkeln vielsagend. Ist ihnen die Frage genauso unangenehm wie mir? Keinesfalls will ich sie in Verlegenheit bringen. Was soll ich bloß antworten? „Ja, schon", murmle ich schließlich und beobachte die Reaktion der Frau. Ganz langsam, wie in Zeitlupe heben sich ihre Mundwinkel zu einem spöttischen Grinsen. „Das kann nicht sein. Dir geht's doch gut hier", wischt sie meine Aussage vom Tisch und ich spüre einen Stich im Herzen. Der Herr neben ihr schüttelt den Kopf. Ich weiß, dass mich niemand ernst nimmt und fühle, wie ich von allen Seiten belächelt werde. Meine Wangen brennen. Ich senke den Kopf und möchte am liebsten im Erdboden versinken. Den restlichen Abend starre ich auf das Parkett. Ich schaffe es nicht, den Anwesenden in die Augen zu schauen, so sehr schäme ich mich. Vor allem vor meinen Eltern, denn ich habe ausgesprochen, was sie sich nicht zu sagen trauen und keiner im Raum hören will – und habe uns damit alle in eine ungemütliche Situation gebracht.

Damals dachte ich tatsächlich, ich hätte etwas falsch gemacht. So wie mir geht es vielen. Alle von Rassismus betroffenen Menschen haben schon einmal erlebt, dass ihre schmerzhaften Erfahrungen verleugnet oder ignoriert werden. Wir fühlen uns dann mitunter wie Sensibelchen, Spaßbremsen oder Lügner:innen. Wir suchen die Schuld bei uns und nicht in einer Gesellschaft, die das Reden über Rassismus tabuisiert und sanktioniert.

Diskriminierung ist kein leichtes Thema. Darüber zu sprechen ist unangenehm, nicht nur für Betroffene. Gerade Personen, die von einer bestimmten Diskriminierung nicht betroffen sind, fühlen sich meist unwohl, sobald das Gespräch etwa auf Weiße Privilegien, toxische Männlichkeit, heterosexuelle Normen oder stigmatisierende Sprache fällt. Die Thematisierung verlangt von uns nämlich, dass wir eigene Privilegien und Vorurteile wahrnehmen und hinterfragen. Das ist mitunter schmerzhaft. Schließlich wären wir alle gern frei von Vorurteilen und diskriminierenden Vorstellungen, müssen uns bei einer kritischen Selbstreflexion aber das Gegenteil eingestehen.

Besonders rassistische Vorfälle werden oft als Einzelfälle abgestempelt, die von Neonazis und Rechtsextremen verübt werden.

Tatsächlich ist Rassismus nicht nur ein individuelles Problem und äußert sich auch nicht bloß in derben Beschimpfungen und brutalen Gewaltdelikten. Rassismus manifestiert sich auf verschiedenen Ebenen und ist vor allem ein gesellschaftliches Problem. Das ist vielleicht zunächst schwer zu verstehen, denn meist lernen wir: Wenn man andere aufgrund ihres Aussehens oder ihrer Herkunft schlechter behandelt, ausgrenzt oder beschimpft, ist das rassistisch. Diese Definition greift aber zu kurz, denn sie blendet aus, dass Rassismus sich nicht nur in zwischenmenschlichen Interaktionen äußert. Im Gegenteil, auch durch Gesetze, Institutionen und gesellschaftliche Strukturen können Menschen ungleich behandelt werden.

Historisch betrachtet gründet Rassismus auf der Vorstellung, dass die Menschheit aufgrund vermeintlicher biologischer und kultureller Merkmale in „Rassen" eingeteilt werden könne. Diese vermeintlichen Wesensmerkmale dienen der Hierarchisierung und versuchen zu legitimieren, warum manche „Rassen" anderen überlegen seien und ihnen deshalb mehr Macht zustehen sollte. Mithilfe von Rassentheorien wurden Versklavung, Ausbeutung, Kolonialisierung und Genozide gerechtfertigt.

Heute ist wissenschaftlich bewiesen, dass es keine „Rassen" gibt. Zum Glück verteidigen nur noch wenige offen diese menschenfeindliche Ideologie.

Rassismus ist trotzdem noch ein großes Problem. Auch heute sind nicht alle Menschen gleichberechtigt. Statt von „Rassen" sprechen wir gegenwärtig meist aber über „Herkunft" oder „Kultur". Rassismus wechselt somit nur seine Verkleidung. Am Ende bleibt aber die Hierarchie bestehen, die Weißen Menschen mehr Macht und Privilegien sichert, indem People of Color benachteiligt werden. Oftmals wird deshalb gesagt: Rassismus ist Vorurteil + Macht. Das bedeutet zugleich, dass es keinen umgekehrten Rassismus bzw. Rassismus gegen Weiße Menschen gibt.

People of Color können zwar auch Vorurteile gegenüber Weißen Menschen entwickeln, sie befinden sich aber nicht in Positionen, die es ihnen ermöglichen, Gesetze und Institutionen einzuführen, die Weiße Menschen strukturell benachteiligen.

All dies zeigt: Rassismus ist nicht nur in den Köpfen von Individuen verankert, sondern schlägt sich auch in gesellschaftlichen Strukturen nieder. Rassismus wird deshalb meist in individuellen sowie strukturellen und institutionellen Rassismus unterschieden.

Struktureller und institutioneller Rassismus werden oft synonym oder in Kombination verwendet. Sie beschreiben, dass es in unserer Gesellschaft und den Institutionen Strukturen und Praktiken gibt, die People of Color systematisch benachteiligen.

Das bekannteste Beispiel für institutionellen Rassismus ist wohl *racial profiling*. In Österreich ist es verboten, Menschen allein aufgrund ihrer Hautfarbe als verdächtig einzustufen und zu kontrollieren. Fehlende Sanktionen, polizeiliche Strukturen und die Kriminalisierung von People of Color durch Politik und Medien ermöglichen es Polizist:innen aber trotzdem, diese rassistische Praxis bewusst und unbewusst fortzuführen.

Auch im österreichischen Schulsystem gibt es Strukturen, die Benachteiligung begünstigen. Obwohl viele Kinder in Österreich mehrsprachig aufwachsen, orientiert sich unser Bildungssystem nicht an dieser Mehrsprachigkeit. Im Gegenteil: Kinder, deren Erstsprache nicht Deutsch ist, erhalten nicht die Unterstützung, die sie benötigen, um im Unterricht gut abzuschneiden. Hinzu kommen unreflektierte Vorurteile von Seiten der Lehrkräfte. Eine Studie der Universität Mannheim zeigt beispielsweise: Angehende Lehrkräfte vergeben für identische Diktate schlechtere Noten, wenn „Murat“ statt „Max“ auf dem Papier steht.[8] Die Vorstellung, dass ein Kind mit vermeintlich ausländischem Namen automatisch schlechter Deutsch spricht, kommt nicht von ungefähr. Sie entspricht nicht der Realität, sondern den Bildern, die uns in der Gesellschaft und in der Politik vermittelt werden. Bücher, Filme und Zeitungen prägen unsere Sicht auf die Welt, bilden aber selten vollständig ab, wie sie wirklich aussieht. In meinen Vorlesungen machen die meisten Studierenden große Augen, wenn ich ihnen erzähle, dass Schwarze Menschen bereits seit der Antike in Österreich leben.[9]

Sehr wenigen ist zudem bekannt, dass im 17. und 18. Jahrhunderte ungefähr ein- bis zweihundert Schwarze Menschen in Wien lebten.[10] Nur Angelo Soliman ist manchen ein Begriff. All das ist Teil unserer Geschichte, wird aber kaum erzählt. Das muss sich ändern.

Rassismus hat eine lange Tradition, ist heute noch tief verankert in unserer Gesellschaft und äußert sich in allen Lebensbereichen. Um all seine Facetten wahrnehmen und bekämpfen zu können, müssen wir uns bilden. Wir können nicht länger von People of Color verlangen, dass sie uns ständig kostenlos darüber informieren, wie sich Rassismus äußert. Wir müssen selbst zu Büchern, Dokus und Podcasts greifen und uns aufklären.

Gerade die Pandemie zeigt, wie rasch rassistische Denkmuster in herausfordernden Zeiten instrumentalisiert werden. Seit Beginn der Pandemie wird als asiatisch gelesenen Menschen, Ausländer:innen und Geflüchteten immer wieder die Schuld an der Ausbreitung des Virus zugeschoben. Sie werden ausgegrenzt, gemieden, beschimpft und körperlich angegriffen. Antisemitische Verschwörungstheorien erleben einen Aufschwung. Plötzlich ist es normal, dass Rechtsextreme und Neonazis gemeinsam durch die Gegend spazieren, schwarz-weiß-rote Reichsflaggen schwenken und offen Nazi-Symbole zur Schau tragen. Ich will nicht in einem Land leben, in dem Jüd:innen und People of Color gesagt werden muss: „Bitte meidet samstags die Innenstadt." Ich will auch nicht, dass in Österreich Kinderabschiebungen an der Tagesordnung sind oder Menschen auf der Straße von der Polizei angehalten und kontrolliert werden, bloß weil sie People of Color sind. Wir müssen uns jetzt für Veränderung einsetzen und mithilfe von Aufklärung sowie politischen und gesetzlichen Maßnahmen Rassismus effektiv bekämpfen.

Für eine antirassistische Politik für alle, die hier sind:

- **Aufklärungs- und Sensibilisierungsarbeit:** Erfolgreiche Rassismusbekämpfung erfordert viele Schritte – der erste und wichtigste ist eine gute Bildung. Eine gute Bildung kann nur durch geschulte Lehrkräfte und antirassistische Lehrmaterialien vermittelt werden. Lehrer:innen und pädagogisches Personal brauchen Fortbildungen, in denen sie sich mit eigenen Vorurteilen und diskriminierenden Denkmustern auseinandersetzen können.

- **Finanzierung von Antirassismusarbeit:** In Österreich gibt es viele antirassistische Initiativen und Projekte. Seit Jahren bieten zahlreiche Expert:innen und NGOs Antirassismus-Trainings und -Workshops für Groß und Klein an. Die Expertise ist also vorhanden, sie muss bloß genutzt und finanziert werden. Hier kommt die Politik ins Spiel. Wir können nicht erwarten, dass Betroffene und Verbündete diese wichtige Arbeit ehrenamtlich leisten. Wir müssen mehr Geld in den Schutz vor Rassismus und Diskriminierung investieren und antirassistische Projekte fördern.

- **Aktionspläne und Antirassismus-Stellen:** Seit 2020 setzt sich die EU aktiv für die Etablierung eines Nationalen Aktionsplans gegen Rassismus in allen EU-Ländern ein. Wir können aber noch einen Schritt weiter gehen, auf regionaler Ebene. Die deutsche Grünen-Politikerin Aminata Touré brachte letztes Jahr in Schleswig-Holstein einen Landesplan gegen Rassismus auf den Weg. Genau so etwas wünsche ich mir für jedes österreichische Bundesland. Auf Wiener Ebene werde ich dafür kämpfen, genauso wie für die Etablierung einer Antirassismus-Stelle bei der Stadt Wien. Ich hoffe, ich begegne vielen von euch in diesem Kampf, denn nur, wenn wir gemeinsam laut sind, können wir Veränderung rasch voranbringen.

› **Eine unabhängige Melde- und Beschwerdestelle bei Polizeigewalt:** Eine Studie der Europäischen Grundrechteagentur (FRA) belegt: Entgegen allen Dementis von Seiten der Politik und der Polizei ist *racial profiling* in Österreich gang und gäbe. EU-weit liegen wir sogar mit an der Spitze.[11] Fälle von rassistischer Polizeigewalt müssen endlich ernst genommen werden. Dafür braucht es die Einführung einer unabhängigen Melde-, Beschwerde- und Beratungsstelle, wo Opfer von *racial profiling* und Polizeigewalt rasch und unkompliziert Hilfe erhalten.

Faika El-Nagashi

HABIBI

Die Botschaft der „Operation Luxor" war unmissverständlich. Um fünf Uhr in der Früh standen schwer bewaffnete Polizist:innen in den Schlaf- und Kinderzimmern von muslimischen Familien und durchsuchten stundenlang deren Wohnungen. Fensterscheiben gingen zu Bruch, Türen wurden eingetreten. Vermummte Polizisten rissen Kinder aus dem Schlaf. Über 60 Kinder und Jugendliche durchlebten diese traumatisierende Nacht, darunter Kleinkinder, ein zehn Tage altes Baby und ein herzkrankes Mädchen. In jeder Hinsicht unverhältnismäßig. Es gab keine Waffenfunde, keine Festnahmen, keine terroristische Bedrohung. Trotz anderthalbjähriger Vorbereitungszeit und tausenden Stunden an Überwachungsmaterial, die wohl zwangsläufig Einblick in die Lebensumstände der Observierten gaben, wurden die Hausdurchsuchungen bei den Familien nicht tagsüber oder mit gewöhnlichen Polizeieinheiten durchgeführt. Stattdessen wurde groß inszeniert. Und eingeschüchtert. Laut Medienberichten sollen über 900 Einsatzkräfte beteiligt gewesen sein, auch Einheiten der Polizeisonderkommandos Cobra und WEGA, die für Situationen mit erhöhtem bis sehr hohem Gefährdungsgrad zuständig sind. In vier Bundesländern wurden zeitgleich 34 Wohnungen und Wohnhäuser, 15 Geschäftsräumlichkeiten, 24 Pkws und neun Vereinslokale durchsucht. Die Vorwürfe: Bildung oder Unterstützung von terroristischen Vereinigungen, staatsfeindliche Verbindungen, kriminelle Organisation, Terrorfinanzierung und Geldwäsche. Bis heute, Frühling 2022, gibt es keine Ermittlungserfolge. Die meisten Verfahren laufen aber immer noch, ein Ende ist nicht in Sicht. Das Oberlandesgericht Graz hat mittlerweile den Beschwerden mehrerer Betroffener stattgegeben und die Hausdurchsuchungen für rechtswidrig erklärt. Die Formulierung des Tatverdachts hätte sich auf Mutmaßungen und Spekulationen gegründet.

Die „Operation Luxor“ fand am 9. November 2020 statt, wenige Tage, nachdem ein sich zum Islamischen Staat (IS) bekennender Terrorist in Wien vier Menschen ermordet hatte. Als „Schlag gegen die Muslimbruderschaft“ wurde die Großrazzia politisch mächtig inszeniert und sollte wohl eine scharfe Reaktion auf den Terroranschlag darstellen. Dabei gibt es hier keinerlei Verbindungen. Im Gegenteil: Medial wurde bereits gemutmaßt, dass Ressourcen für die Vereitelung des Terroranschlags fehlten, und zwar deshalb, weil sie in der Vorbereitung der Großrazzia gebunden waren. Offiziell sollte gegen die führende Riege hiesiger Muslimbrüder vorgegangen werden. Getroffen hat es politisch aktive und kritische Muslim:innen und ihre Familien. Sozial- und Jugendarbeiter:innen, Lehrer:innen, einen Imam, einen Wissenschaftler. Der Aufschrei gegen diese Aktion blieb aus. Die Verantwortlichen schweigen. Die Betroffenen bleiben alleine zurück. Mit den Anwaltskosten, mit der Verwüstung ihrer Wohnungen und der Traumatisierung ihrer Kinder. Zermürbt, ausgelaugt, finanziell ruiniert, in ihrem Ansehen geschädigt. Ohne politische Stellungnahme oder gar Entschuldigung. Und die Botschaft? Der Terrorismusverdacht kann alle Muslim:innen treffen. Jederzeit. Sie haben erlebt, wie sie ins Visier von Anschuldigungen geraten können, die sich hanebüchen lesen. Mit welch ungerechtfertigter Aggression gegen sie und ihre Familien vorgegangen werden kann. Und wie dazu geschwiegen wird und dies ohne Konsequenzen bleibt. Einschüchterung, Isolierung, Entsolidarisierung – das sind die Folgen für die politische Zusammenarbeit. Andere werden misstrauisch und distanzieren sich aus Selbstschutz. Aufträge bleiben aus, Einladungen werden ausgeschlagen, sogar gemeinsame Fotos werden vermieden. Die Botschaft kommt sehr deutlich an.

Wie konnte es so weit kommen? Der antimuslimische Rassismus hat in der österreichischen Politik eine steile Karriere hingelegt. Die FPÖ hat einen Tabubruch nach dem anderen begangen und seit 2005 ihre Wahlkämpfe auf das Thema Islam zugespitzt. In perfiden Slogans und Reimen schrieben sie die Verachtung gegenüber Muslim:innen auf ihre Wahlplakate und ins Stadtbild: *Wien darf nicht Istanbul werden, Freie Frauen statt Kopftuchzwang, Daham statt Islam, Muezzin statt Pummerin, Abendland in Christenhand.* Für die FPÖ hatte das keine negativen Folgen. Ihre rassistische Politik etablierte sich zunehmend und ihre Themen wurden auch von der ÖVP übernommen. Migrant:innen allgemein und Muslim:innen im Besonderen sind die Zielscheiben permanenter Angriffe durch rechte und rechtskonservative Parteien. Das gilt für die Integrationspolitik, die Bildungspolitik, die Sozialpolitik, die Frauenpolitik, die Sicherheitspolitik, die Asylpolitik. Über sie wird eine gesellschaftliche Polarisierung geschaffen, aufrechterhalten und verstärkt: *Wir* und *ihr*. Dazwischen eine Mauer aus Angst und Abwertung. Dafür braucht es ein permanentes Bedrohungsszenario durch Muslim:innen beziehungsweise durch den Islam. Terrorismus, Extremismus, Fundamentalismus. Überall werden Zeichen davon entdeckt: das Fasten im Ramadan, das Beten in einer Moschee, das Tragen eines Kopftuchs, arabische Schrift und Sprache an sich. Der Alltag der Muslim:innen wird umgedeutet in verdächtige Abläufe. Das Kopftuch hat dabei eine besondere Rolle bekommen: Es wurde einerseits zu einem Zeichen der Unterdrückung und andererseits zu einem Symbol des „politischen Islam“, einer gefährlichen Radikalität. Kopftuch tragende Frauen können also wählen zwischen der Kategorie des Opfers, als unterdrückte Frau, und jener der Täterin, als Vertreterin eines fundamentalistischen Flügels. Der Blick auf sie geht mit der Einordnung in die eine oder andere Gruppe einher – oder mit dem Wunsch, sie am liebsten überhaupt vom Kopftuch zu „befreien“. Eine Kopftuchdebatte ist aber auch immer eine gute Ablenkung von anderen Themen. Es wird emotional über Frauen und Mädchen diskutiert (gerne und oft von Männern), und Bekleidungsvorschriften werden mit dem Ziel der Frauenbefreiung gerechtfertigt: Kopftuchverbot ausweiten! Kopftuchverbote für Mädchen, für Schülerinnen, Lehrerinnen, Richterinnen, Beamtinnen – oder überhaupt gleich im öffentlichen Raum. Alles schon mal dagewesen. Das ist Politik auf dem Rücken von Muslim:innen.

Auch Teile der aktuellen Regierung (seit 2020) verstärkten die Politik des Generalverdachts gegenüber Muslim:innen. Die sogenannte Islamlandkarte wurde im Mai 2021 von der Integrationsministerin (!) gemeinsam mit der staatlichen „Dokumentationsstelle politischer Islam" präsentiert und ist eine Auflistung aller muslimischen Einrichtungen und Vereine in Österreich, versehen mit Einschätzungen zu deren (politischer) Ausrichtung sowie mit deren Kontaktdaten. Zum Teil sind dies Privatadressen von Vorstandsmitgliedern der in der Jugend- oder Kulturarbeit tätigen Vereine, die nie um ihr Einverständnis gefragt wurden. Trotzdem finden sich ihre Wohnadressen und damit die ihrer Familien nun auf einer Islamlandkarte im Internet. Bereits wenige Tage nach deren Veröffentlichung stellten rechtsextreme Gruppen „Warntafeln" mit dem Verweis auf die Islamlandkarte und der Aufschrift „Politischer Islam in deiner Nähe" vor Moscheen auf. Schließlich sollte die Islamlandkarte ja Einrichtungen identifizieren, die dem „politischen Islam" zuzurechnen seien. Und listete kurzerhand alle auf. Generalverdacht mit einem pseudowissenschaftlichen Dreh. Als ob eine fundierte Recherche dahinter stünde und die Veröffentlichung einen Mehrwert für die Allgemeinheit hätte. Das Wissen dahinter speist sich aus einem Pool an Studien und Berichten, von einer überschaubaren Gruppe an Akteur:innen erstellt, die in Abwandlungen immer wieder veröffentlicht werden. Mittlerweile dient ein eigener Fonds der Republik Österreich als Sprachrohr dafür: die „Dokumentationsstelle politischer Islam", die eigentlich „Österreichischer Fonds zur Dokumentation von religiös motiviertem politischen Extremismus" heißt und 2020 ins Leben gerufen wurde. Die Dokumentationsstelle steht im Impressum der Islamlandkarte und verfügt über einen eigenen Beirat, der das *agenda setting* medial und politisch begleitet.

Demgegenüber werden die kritischen Stimmen aus der muslimischen Zivilgesellschaft kaum gehört, und wenn doch, dann wird ihnen selten Glauben geschenkt. Es wird ihnen gerne vorgeworfen, sich selbst ständig als Opfer zu inszenieren. Als ob es möglich wäre, über Angriffe zu sprechen – ohne aber zu benennen, wen sie treffen. Wer die Täter:innen sind. Und wer die Opfer. Eine zweite Strategie gegen die Kritik ist eine Begriffsdebatte, die dem antimuslimischen Rassismus einerseits abspricht, dass es sich bei den erlebten Diskriminierungen um *Rassismus* handelt. Die aber andererseits gleichzeitig die Bezeichnung zu einem Kampfbegriff des „politischen Islam" erklärt. Durch diese Gehirnakrobatik werden diejenigen, die Rassismus benennen, zu Proponent:innen einer extremistischen Ideologie erklärt. Dieselbe Erfolgsgeschichte hat bereits der Begriff Islamophobie durchlaufen, der mittlerweile in rechten wie selbst in linken politischen Kreisen sogar als Erfindung des „politischen Islam" angesehen wird. Kritik an antimuslimischem Rassismus wird also schon durch die Delegitimierung des Begriffs an sich verunmöglicht. Ein Beispiel? Vor Kurzem versuchte die ÖVP im Wiener Gemeinderat in einer Anfrage ein Projekt muslimischer Künstler:innen an der Akademie der bildenden Künste Wien in Verruf zu bringen. In der Ausstellung ging es um die Sichtbarmachung muslimischer Künstler:innen und ihrer Positionen und um Kritik an den gesellschaftlichen und politischen Ausschlüssen. Und um antimuslimischen Rassismus. Die ÖVP-Abgeordneten sahen das in ihrer Anfrage so: *„Auffällig ist die Vermischung von Islamkritik und Rassismus (...) Das erschwert und nicht selten verunmöglicht eine offene Diskussion über die Kompatibilität von Werten (...) Außerdem wird auf diese Weise ein Narrativ des politischen Islams übernommen, wie er auch von der Muslimbruderschaft vertreten wird."* So schnell wird sie hergestellt, die Nähe zum Terror. Mireille und ich waren selbstverständlich bei der Ausstellungseröffnung, gemeinsam mit Mitstreiter:innen des antirassistischen Black Voices Volksbegehrens. Solidarisierung miteinander ist die größte Stärke, die wir haben. Nicht auseinanderdividieren lassen. Den Abgeordneten der ÖVP war unsere Gruppe gleich aufgefallen, wahrscheinlich über Social-Media-Postings. Sie schrieben: „*Zu diesem radikalislamischen Element gesellt sich noch eine linksextreme Gesinnung, wie sie anhand eines Gruppenfotos weiterer offizieller Teilnehmerinnen anlässlich der Eröffnung [der] Muslim Contemporary geäußert wurde. Auf diesem Foto halten sechs Frauen mit versteinerten Mienen ihre geballte Faust in die Höhe. Laut einem Bericht (...) steht die geballte Faust für ‚Kampf- und Gewaltbereitschaft.*"' Ja, das ist leider ernst gemeint. Ernst gemeinter Ausdruck von antimuslimischem Rassismus.

Was können wir also sagen, wenn wir dazu schweigen müssen? Wenn Gesetze, die Muslim:innen betreffen, ohne ihre Einbindung gemacht werden? Wenn Muslim:innen ständig diffamiert werden und ihnen eine *hidden agenda* unterstellt wird? Vertreter:innen der muslimischen Zivilgesellschaft, insbesondere die Jugend und die Frauen, engagieren sich in vielen Projekten gegen Antisemitismus, gegen Extremismus, gegen jeden Rassismus. Sie stärken Mädchen und Frauen in ihrer Ausbildung und ihren Berufschancen. Sie machen Jugendarbeit, sind sozial engagiert und unterstützen ältere Menschen und Armutsbetroffene. Sie arbeiten mit Geflüchteten, zu Demokratie und Partizipation. Aber egal, was sie tun, wie sehr sie sich einbringen, wie verbunden mit Österreich sie auch sein mögen – ihr Engagement wird ihnen nicht geglaubt. Das ist die Erfahrung, die muslimische Jugendorganisationen in Österreich machen. Selbstverständlich gibt es auch konservative, patriarchale und fundamentalistische Muslim:innen in Österreich. Es gibt Nationalismus, Antisemitismus und Sexismus. Diskriminierung aufgrund der sexuellen Orientierung. Gewalt gegen Kinder und Frauen und die entsprechenden Rollenbilder. Mit ihnen wird das Feindbild unterfüttert, das auf alle Muslim:innen ausgerollt wird. Auch auf diejenigen, die dagegen ankämpfen und für Demokratie, Emanzipation und Gleichstellung kämpfen.

Antimuslimischer Rassismus ist für die österreichische Politik konstitutiv geworden. Mittlerweile ist eine Art Gewöhnungseffekt eingetreten. Parteien und Medien sind abgestumpfter, die Grenzen haben sich seit den FPÖ-Wahlkämpfen für Letztere erfolgreich verschoben. So gesehen ist es eine durchaus innige Beziehung der Politik mit den Muslim:innen in Österreich.

Für eine Politik gemeinsam mit Muslim:innen in Österreich:

- **Ressourcen:** Die Dokumentations- und Beratungsarbeit zu antimuslimischem Rassismus findet so gut wie ausschließlich ehrenamtlich statt. Dabei zeigen die Statistiken der „Dokustelle Islamfeindlichkeit und antimuslimischer Rassismus" seit Jahren einen Anstieg der Diskriminierung gegenüber Muslim:innen, sei es durch Übergriffe im öffentlichen Raum, in der Schule oder am Arbeitsplatz. Die Unterstützung für Betroffene und die Präventionsarbeit brauchen eine ausreichende Finanzierung und damit auch Anerkennung.

- **Dialog:** Das Gegenteil von Spaltung ist der gesellschaftliche Zusammenhalt. Dafür braucht es Vertrauen, regelmäßigen Austausch und die Einbindung auch des muslimischen Teils der Zivilgesellschaft in politische Belange.

- **Zugang zu den Institutionen:** Die Partizipation von österreichischen Muslim:innen in der Politik und in der Verwaltung braucht Möglichkeiten, Vorbilder und eine aktive Förderung. Damit sich die Vielfalt der Bevölkerung auf allen Ebenen widerspiegelt und Muslim:innen als Teil dieser Gesellschaft in allen Bereichen sichtbar werden.

Faika El-Nagashi

ALLE ANDERS, ALLE GLEICH

Ich bin leidenschaftliche Integrationspolitikerin. Das ist vielleicht paradox, angesichts der österreichischen Realität. Aber es ist so. Wenn ich an Integration denke, dann sehe ich das Potenzial, positive Veränderungen für alle zu schaffen – nicht nur für eine bestimmte Gruppe von „Betroffenen". Ich sehe Herausforderungen, aber auch viel Gestaltungsmöglichkeit. Und so viel Bedarf und Interesse, gerade bei jungen Menschen, endlich auch als Teil dieser Gesellschaft anerkannt zu werden und sich einbringen zu können. Unterschiede sind nicht per se eine unüberwindbare Hürde! Was wäre das für eine pessimistische Weltanschauung? Wir können uns ergänzen und gegenseitig unterstützen, wir können auch streiten und diskutieren – egal, wo wir oder unsere Eltern oder Großeltern geboren wurden. Aber dafür müssen wir auch über die Benachteiligungen sprechen, die das System hervorbringt. Und über die Abwertungen, die gesellschaftlich mitgetragen werden. Vieles muss auch immer wieder neu verhandelt und vereinbart werden. Es gibt selbstverständlich Konflikte und unterschiedliche Interessen und Haltungen. Aber es gibt auch ein *Wir,* das nicht dadurch entsteht, wer wie viel „Bio-Anteil" in sich trägt, sondern durch ein gemeinsames Fundament von Demokratie und Menschenrechten. Das ist mein Verständnis von Integration.

Die Praxis sieht freilich anders aus. Es gibt wohl kaum einen Bereich, in dem derart ideologiegetrieben Politik gemacht wird. Für die Betroffenen ist die Instrumentalisierung ihrer Realität und ihrer Bestrebungen – also dessen, was Integration für sie tatsächlich ausmacht – schon lange zu einem Damoklesschwert geworden, zu einer ständigen Bedrohung, die über ihnen schwebt. Mit sehr realen Auswirkungen. Wie wird über sie gesprochen? Was wird von ihnen gefordert? In welcher Schlagzeile finden sie sich wieder? Wann müssen sie für den nächsten Wahlkampf herhalten? Und gefühlt ist immer Wahlkampf.

Als ich das erste Mal politisch für den Bereich Integration zuständig wurde, das war Ende 2015 als Grüne Wiener Landtagsabgeordnete, haderte ich anfangs damit, mich als Integrationssprecherin zu bezeichnen. Ich überlegte, ob „Inklusion" geeigneter wäre, aber dieser Begriff meint zumeist die gesellschaftliche Inklusion von Menschen mit Behinderungen und ist damit politisch in einen anderen Kontext eingebettet. Und mit einem anderen Begriff alleine würde ich nicht weit kommen. Wie kann ich mich den Inhalten in einem Bereich annähern, ohne die negativ besetzte Überschrift zu reproduzieren? Dabei ist das so symptomatisch. Schon die Erwähnung von Integration ist zu einem Problem geworden. Ich entschied mich dazu, es auf mich zu nehmen. Mehr noch: Es mir zu eigen zu machen. Die Bezeichnung und den verbindenden, den integrativen Möglichkeitsraum des politischen Handelns dahinter. Es geht nämlich auch anders. Ohne die kaum verhohlenen desintegrativen Absichten und den unangenehmen Beigeschmack des rassistischen Kalküls in der rechtskonservativen Politik. Ohne die bewusste emotionale Aufladung und die Instrumentalisierung des Begriffs Integration als Vehikel, um darüber Forderungen an eine bestimmte Gruppe von Menschen zu stellen, deren Leistung zu bewerten und sie dann trotz allem mit großer Beliebigkeit zu ächten. So wird aus Integration ein Schimpfwort. Mal kommuniziert als Disziplinierung (durch Sanktionen wie die Kürzung von Sozialleistungen), mal als Bedrohung (mit Abschiebungen trotz „Integration" als Exempel), und immer gerne als Instrument der Unterwerfung (eine einseitig zu erfüllende „Integrationsvereinbarung“). Integrationspolitik ist auf diese Art hoch symbolisch und verhandelt ständig das *Wir* und *die Anderen.* Auch deshalb nimmt sie nur einen Teil der Gesellschaft in den Blick, auf den sie mit ihren Maßnahmen zielt. Dabei braucht es für ein gutes Zusammenleben doch alle! Wer soll denn besonders integriert werden? Die erste, zweite, dritte Generation der Zugewanderten? Menschen mit „anderer“ Hautfarbe, Religion, Erstsprache? Migrant:innen und Geflüchtete – wie lange? Wann darf jemand zum *Wir* wechseln? Und wer bestimmt das?

Als ich in die Volksschule ging, wohnten wir in der Geiselbergstraße in Wien-Simmering in einer kleinen Substandardwohnung. Im Haus lebten viele wie *wir.* Familien, die vor Kurzem nach Österreich gekommen waren, aus verschiedenen Ländern, mit verschiedenen Sprachen. Aber es gab eine Bewohnerin, an die ich mich besonders erinnere: Auf unserem Stockwerk am Ende des Ganges wohnte Frau Huber. Sie war um die 70 Jahre alt und „Österreicherin“. Regelmäßig zum Semesterende läuteten mein Bruder und ich bei ihr an und zeigten ihr unsere Zeugnisse. Wir lernten leicht und gerne und hatten meist gute Noten. Frau Huber erwartete uns meist schon, warf einen Blick auf unsere Zeugnisse, nickte dann wohlwollend, tätschelte uns den Kopf, verschwand kurz in ihrer dunklen Eckwohnung und tauchte wenig später mit Pralinen für uns wieder auf. Es war ein seltsames Ritual. Eine Art *double-check.* Wir hatten bestanden. Auch vor Frau Huber, der Österreicherin.

Viele Familien mit Migrationsbiografie kennen eine Frau Huber. Eine Repräsentantin der Mehrheitsgesellschaft, zu der sie den Kontakt suchen, an der sie sich manchmal orientieren, die sie auch gerne beeindrucken würden. Mein Vater brachte Frau Huber einmal im Sommer eine Melone mit, aber sie blieb skeptisch und meinte: „Was der Bauer nicht kennt, isst er nicht.“ Wir sind es gewohnt, beurteilt zu werden: brav/schlimm, fleißig/faul, angepasst/widerspenstig, integriert oder unintegrierbar? Eine ständige Bewertung, nach diffusen Kriterien, zu jedem Zeitpunkt möglich und von allen durchführbar, die sich selbst zur Mehrheitsgesellschaft zählen. Das ist die Logik einer toxischen Integrationspolitik, die mit einem System von Belohnung und Bestrafung arbeitet. Die Braven und die Schlimmen, die Fleißigen und die Faulen, die Willigen und die Unwilligen. Den einen wird gedroht, die anderen werden belohnt. Zum Beispiel mit einer besonderen Auszeichnung, wie einem Integrationspreis. Auch das ist Teil der Inszenierung von Integration. Oft geht es dabei um den Nutzen der ausgezeichneten Person oder Gruppe für die österreichische Wirtschaft und für die österreichische Mehrheitsgesellschaft. Ein Preis also, weil Wirtschaftsfaktor. Und selbstverständlich sind solche Auszeichnungen immer auch politische Preise, eingebettet in das jeweilige Paket an Maßnahmen, das gerade aktuell oder geplant ist und das Leben der Betroffenen (bzw. der Preisträger:innen) ja auch gestaltet: die Regelung von Aufenthaltsmöglichkeiten und der Zugang zum Arbeitsmarkt, die Bildungsmöglichkeiten und die Anerkennung von Ausbildungen, der Anspruch auf Sozialleistungen, verpflichtende Integrationsmaßnahmen wie Deutsch- und Wertekurse. All das gestaltet den Alltag. Dazu kommen die Diskussionen auf der symbolischen Ebene: Kopftuchverbot, Parallelgesellschaft, Radikalisierung. Einatmen. Ausatmen. Repeat.

„Integration durch Leistung" ist ein gehaltloser Stehsatz, eine willkürliche Behauptung ohne jede Evidenz. Im Gegenteil: Die Realität konterkariert diese Position ja sogar hochgradig. Brav, fleißig, angepasst – und was dann? Die Staatsbürgerschaft wäre die Krönung der Integration, das ist der zweite Teil des Leistungsmärchens, aber auch das entspricht nicht der Realität. Die Einbürgerung ist vielmehr eine Einkommensfrage und ein bürokratischer Hürdenlauf. Aber wenn die Integration erst mit dem Erlangen der Staatsbürgerschaft geschafft ist, hängt dann auch die Integration von Geld ab? Und ist sie dann für *working poor* und Geringverdiener:innen, für Arbeitslose und für Armutsbetroffene (und deren Kinder) eigentlich ohnehin auf Jahre (wenn nicht für immer) zu vergessen? Und wäre dann mit der österreichischen Staatsbürgerschaft eigentlich endlich Ruhe, oder geht es auch dann noch weiter? Kopftuchverbot, Parallelgesellschaft, Radikalisierung. Einatmen. Ausatmen.

Das Problem der Integrationspolitik ist, dass eine Politik gemacht wird, die jedes inhaltliche Bemühen konterkariert. Sie sabotiert sich quasi selbst. In kaum einem Bereich gibt es so viele Möglichkeiten zur Vorbildwirkung. Und ja, es macht auch einen Unterschied, ob der zuständige Staatssekretär Tarek heißt oder Sebastian. Ob es eine Kabinettsmitarbeiterin gibt, die Kopftuch trägt. Oder ob das Ministerium auch einen Schwerpunkt auf Antirassismus- und Antidiskriminierungsmaßnahmen legt.

Ich habe mich jahrelang mit den Baustellen im Integrationsbereich beschäftigt. Allen voran jenen im Bildungsbereich, aber auch am Arbeitsmarkt (Stichwort: Systemerhalter:innen) und in der Gesundheitsversorgung. Bei der Repräsentation und Teilhabe, gesellschaftlich und politisch. Und bei der Stärkung von Frauen und Mädchen: ihrer Selbstbestimmung, ihren beruflichen Chancen und ihrer ökonomischen Unabhängigkeit. Ich habe auch gesehen, wie viel (oft ehrenamtliches) Engagement es in all diesen Bereichen gibt: von Lerncafés über Lesepat:innen, Nachbarschaftsprojekte in Gemeinden und Pfarren, Förderprogramme für Lehrlinge und für Lehrer:innen, Initiativen von Studierenden und Pensionist:innen, bis hin zu interkulturellen Schwerpunkten in Vereinen, Betrieben und Unternehmen. Die Zivilgesellschaft und Migrant:innen-Communities sind seit Jahrzehnten aktiv, um ihre Anliegen und Themen zu formulieren und zu vertreten. Und es gibt viel wertvolle fachliche und wissenschaftliche Expertise dazu. Es ist möglich, Integrationspolitik anders zu machen. In den Zugängen und Prozessen transparent, sachlich und evidenzbasiert. Mehr noch als das: aus dem bisherigen, defizitorientierten Zugang eine integrative Diversitätspolitik zu entwickeln, die sich an alle richtet. Die für alle ist.

Für eine Integrationspolitik für alle, die hier sind:

- **Eine Integrationsvereinbarung für alle:** Integration ist eine gesamtgesellschaftliche Herausforderung und nicht das Spezialthema einer Gruppe von Betroffenen. Eine Integrationsvereinbarung, die – freiwillig – von allen unterzeichnet werden kann, verbindet uns miteinander.

- **Integration top down:** Wie die höchste politische Ebene mit dem Thema Integration umgeht, wirkt gesamtgesellschaftlich auch als Vorbild (im Positiven und im Negativen). Daher braucht es auch eine Vereinbarung der Regierung zu Integration: ein Commitment der Minister:innen, Chancen und Teilhabe für alle zu schaffen.

- **Transparenz, Evidenz, Kompetenz:** Forschungen, Studien, Projekte, Förderschwerpunkte müssen transparent erstellt, Maßnahmen evidenzbasiert erarbeitet, dokumentiert und extern evaluiert werden – ein Paradigmenwechsel für eine Versachlichung der Integrationsdebatte.

- **Für alle, die hier sind:** Teilhabe und Mitbestimmung an der Gesellschaft fördern den Zusammenhalt und ermöglichen es, Verantwortung zu übernehmen. Dafür braucht es auch gesetzliche Rahmenbedingungen: einen realistischen und raschen Weg zur Einbürgerung und ein Wohnsitzwahlrecht, das denjenigen Mitbestimmung ermöglicht, die hier leben und von den Auswirkungen der Politik direkt betroffen sind.

› **Von der Integrationsdebatte zur integrativen Diversitätspolitik:** Wir sind Teil von Österreich – als Schwarze Menschen und als People of Color, als Rom:nja und Sinti:zze, als Muslim:innen, mit oder ohne Migrations- und Fluchtbiografie. Wir sind Teil dieser diversen Gesellschaft, in der es viele Herausforderungen und Konflikte, aber auch Möglichkeiten und Chancen gibt. Die Diversität der Gesellschaft muss in die Politik: als wertschätzende und integrative Diversitätspolitik, die sich an alle richtet.

Faika El-Nagashi

DER LANGE SOMMER DER SOLIDARITÄT

Am 6. September 2015 fuhren wir in einem Konvoi mit über 150 Autos und etwa 300 Helfer:innen vom Parkplatz beim Praterstadion in Wien los, um Menschen auf der Flucht zu helfen. Meine Partnerin saß am Steuer unseres alten VW Polo, im Kofferraum hatten wir Wasser, Decken und Lebensmittelpakete, auf der Rückbank einen geborgten Kindersitz und zusätzliche Akkus für das Handy. Mit dem „Refugee Convoy Schienenersatzverkehr" fuhren wir über die Grenze von Österreich nach Ungarn und schließlich weiter in die Hauptstadt Budapest, um flüchtenden Menschen einen Teil ihres Weges zu erleichtern. Etwa eine Woche zuvor hatte die deutsche Bundeskanzlerin Angela Merkel verkündet: „Wir schaffen das!" Die Grenzen von Ungarn über Österreich nach Deutschland waren endlich offen, und Anfang September begann der „March of Hope": Teils hoffnungsvoll, teils verzweifelt machten sich tausende Flüchtende zu Fuß vom Budapester Keleti Pályaudvar, dem Ostbahnhof, über die Autobahn auf den Weg zur österreichischen Grenze. Sie waren erschöpft und hatten bereits tagelang unter unmenschlichen Bedingungen in Budapest ausgeharrt. Es dauerte, bis Züge und Busse für die Weiterreise zur Verfügung gestellt wurden. Viele waren in einem Flüchtlingslager oder einem kleineren Bahnhof gestrandet oder hatten Budapest noch gar nicht verlassen.

Unter denen, die bei uns ins Auto stiegen und von denen wir uns einige Stunden später in den provisorisch aufgebauten Hallen an einem der Bahnhöfe in Wien wieder verabschiedeten, waren ein junges Elternpaar mit ihren Kindern, ein Vater mit zwei kleinen Buben, eine schwangere Frau in Begleitung eines Teenagers, eine Großfamilie aufgeteilt auf mehrere Autos. Aus Syrien, aus dem Irak, aus dem Kosovo. Bei der Ankunft in Wien versuchten wir, sie so gut wie möglich zu versorgen: Orientierung, Dolmetscher:innen, medizinische Versorgung, Suche nach Bekannten und Verwandten, Informationen zur Weiterreise. Die Stimmung war angespannt, aber auch hoffnungsvoll. Alle waren erschöpft, funktionierten aber weiter, weil der Moment, um auszuruhen, noch nicht gekommen war. Wir versuchten, Sicherheit zu vermitteln und etwas Vertrauen aufzubauen, in den kurzen zwischenmenschlichen Begegnungen, die stattfinden konnten. Eine Brücke zwischen unterschiedlichen Realitäten.

Viele Fragen. Warum stehen die einen auf dieser und die anderen auf jener Seite der Grenze? Warum sind die einen „legal" und die anderen „illegal"? Die Unterschiede zwischen uns traten in den Hintergrund. Wir alle waren Menschen und konnten eine Verbundenheit miteinander erleben. Die Politik mit ihren Versuchen der Entmenschlichung – Schutzsuchende als Katastrophe, als Flut oder Welle, als Masse und Zahl in der Statistik – hatte Sendepause. Wir trafen auf Menschen mit Namen und einer Biografie, einer Familie und einer Geschichte, mit Wünschen und mit Ängsten. Sie hatten ihre Flucht über tausende Kilometer nicht leichtfertig auf sich genommen. Es ging um ihr Überleben und ihre Zukunft, und sie mussten handeln. Und auch wir konnten etwas tun. Sehr leicht sogar. Ohne größere Gefahr oder sehr viel Aufwand. Und so fand der „lange Sommer der Flucht" 2015 im September seinen Höhepunkt, als Geflüchtete in Österreich an den Grenzübergängen, an Bahnhöfen und auf der Straße begrüßt wurden: „Refugees welcome!"

Jede:r konnte sich einbringen und für viele waren die Wochen und Monate um den Sommer 2015 (und auch danach) eine positive Erfahrung. Sie erlebten, wie leicht es war, zu helfen. Wie gegenseitig stärkend. Bei vielen sind in dieser Zeit Freundschaften entstanden. Ich habe damals Ammar und etwas später seinen älteren Bruder Faouzi kennengelernt, beide aus Syrien. Ammar traf ich in einer Unterkunft für unbegleitete Minderjährige in Wien-Erdberg. Er war damals 17 Jahre alt und stand mit einer Gruppe etwa gleichaltriger Jungs aus Somalia und Afghanistan zusammen. Ich fragte sie, welche Art von Freizeitaktivitäten sie sich wünschen würden. Ammar antwortete gleich als Erster, er wusste es ganz genau: Er wollte gerne schwimmen lernen. Nach einer kurzen Pause erzählte er von seiner Angst bei der Flucht im Boot über das Mittelmeer, weil er nicht schwimmen konnte. Er lächelte. Er war warmherzig und optimistisch, und wenige Wochen später wurde er nach Vorarlberg verlegt, wo es einen Grundversorgungsplatz für ihn gab. Kurz nach seiner Abreise lernte ich seinen Bruder Faouzi kennen, der in Wien lebte und sich um Ammar sorgte. War Vorarlberg nun eine gute oder eine schlechte Nachricht?

Es hatte im Frühjahr 2015 begonnen. Die Situation im Asyl-Erstaufnahmezentrum Traiskirchen eskalierte zusehends – und die Zivilgesellschaft übernahm. Durch Handyaufnahmen von Geflüchteten gelangte die Dramatik vor Ort an die Öffentlichkeit: Männer, Frauen und Kinder schliefen in völlig überfüllten Sälen, auf den Gängen, unter freiem Himmel oder in Bussen; und das bei Hitzetemperaturen. Kaputte Duschen, fehlende Privatsphäre für Frauen, keine Unterstützung für unbegleitete Minderjährige. Kaum medizinische Versorgung, stundenlanges Anstehen bei der Essensausgabe und Stillstand bei der Bearbeitung der Asylanträge. All das schien politisch gewollt, ja sogar als staatliche Überforderung inszeniert. Der Notstand sollte kommuniziert werden. Die Botschaft war klar: Die Unterbringung und Versorgung von Geflüchteten sei an ihre Grenze gestoßen. „Kommt nicht hierher!" Es sollte keinen „Pull-Faktor" für weitere Flüchtende geben. Abschreckung von Menschen in Not auf Kosten von anderen Menschen in Not. Es wurde aber trotzdem zu einem „Pull-Faktor" – für die Zivilgesellschaft in Österreich. Tausende Menschen engagierten sich. Sie fuhren jeden Tag zum Helfen nach Traiskirchen und brachten Essen, Windeln, Hygieneartikel, Schlafsäcke, Zelte,

Zigaretten. Sie organisierten WLAN-Hotspots, Kinderbetreuung, Dolmetscher:innen, Rechtsberatung. Die Moschee vor Ort engagierte sich ebenso wie die Caritas. In großen Hallen sammelten, schlichteten und verteilten wir Kleiderspenden. Es waren Einzelpersonen, kleinere Freundesgruppen oder größere Kollektive. Viele waren davor nie politisch aktiv gewesen, aber es wurde für sie zu einer Selbstverständlichkeit, zu helfen. Wir hatten ganz unterschiedliche Hintergründe und Lebenswege: katholisch, muslimisch, atheistisch, kommunistisch. Studierende und Pensionist:innen, Migrant:innen der unterschiedlichsten Generationen und Angehörige der Mehrheitsgesellschaft. Wir erlebten gemeinsam solidarisches Handeln.

In den Wochen danach entstanden in der Zivilgesellschaft immer mehr Strukturen für Geflüchtete: Deutschkurse, Patenschaftsprojekte, Lernbuddies. Gemeinsames Kochen, Tanzen, Radfahren. An Unis, in Pfarren, Gemeinden, Betrieben und Vereinen gründeten sich etliche Initiativen. Mit der Ankunft der Geflüchteten des „March of Hope" aus Ungarn organisierten Helfer:innen am Hauptbahnhof in Wien den „Train of Hope" und errichteten eine beeindruckende Versorgungsstation, in der sie in den Wochen danach tausende Geflüchtete täglich betreuten – mit Schlafplätzen, Mahlzeiten, sanitären Einrichtungen, Kleiderausgabe, Infopoints und WLAN-Hotspots, Dolmetscher:innen und einer Kinderspielecke.

Und die „Plattform für eine menschliche Asylpolitik" entstand. Gegründet im Sommer 2015 als Bündnis von NGOs, Flüchtlingsinitiativen, politischen Organisationen und Einzelpersonen. Am 3. Oktober organisierte sie in Wien eine Demonstration mit 70.000 Teilnehmenden unter dem Titel „Flüchtlinge willkommen!" Seit der Seit der Wahl in den Wiener Landtag und Gemeinderat bin ich in der organisatorischen Kerngruppe der Plattform. Wir veranstalten Vernetzungen, Tagungen, Lesungen, Filmabende, Gesprächsreihen und nach wie vor Demos für eine menschliche Asylpolitik.

Seit dem „langen Sommer der Solidarität" im Jahr 2015 hat sich viel verändert. „Willkommenskultur" ist zu einem Schimpfwort und „schreckliche Bilder" sind zu einer Selbstverständlichkeit geworden. Mein Freund Faouzi ist mittlerweile Österreicher und Ammar glücklicher Vorarlberger. Ihre Eltern in Damaskus – der Vater ist Buchhalter, die Mutter Englischlehrerin – haben sie seit über fünf Jahren nicht gesehen. Faouzi ist einer meiner liebsten Freunde. Manchmal frage ich ihn nach seiner Flucht. Dann erzählt er mir, wie er in Serbien durch den Schnee gegangen ist und kurz vor der Grenze von der Polizei aufgegriffen wurde. Und wie er sich in Wien in den Zug gesetzt hat, um seinen Bruder Ammar aus Ungarn abzuholen. Eigentlich wollten sie weiterziehen zu einer Tante in Schweden, wurden aber in Österreich von der Polizei aufgegriffen. Ich bin froh, dass sie hier geblieben sind. Und hier bleiben konnten.

Ende Jänner 2021 wurden zwei Familien aus Österreich mit ihren zum Teil minderjährigen Kindern nach Georgien und Armenien abgeschoben. Bei einem nächtlichen Polizeieinsatz mit WEGA-Beamten und Hundestaffel (!) wurden die zwölfjährige Tina und ihre fünfjährige Schwester Lea, die zwanzigjährige Sona und ihr sechzehnjähriger Bruder Ashot aus ihrem Leben in Österreich gerissen, aus ihren Kinderzimmern und Schulklassen, aus ihrem Freundeskreis und ihren Zukunftsträumen. Und in ein für sie fremdes Land gebracht. Über hundert Freund:innen und Aktivist:innen waren noch in der Nacht vor Ort und versuchten, die Abschiebung zu verhindern; auch Kolleg:innen von den Grünen und anderen Parteien. Erfolglos. Die fehlende Berücksichtigung des Kindeswohls in den Asylverfahren und die lange Dauer der Bearbeitungen waren nicht nur eine bürokratische Unannehmlichkeit. Sie hatten dramatische Folgen für reale Menschen. Und wir waren gefordert, politisch dazu Stellung zu beziehen. Wenige Tage später fand eine Nationalratssitzung statt, bei der die Opposition Anträge zu einem humanitären Bleiberecht für die abgeschobenen Kinder einbrachte. Als Regierungspartei waren wir an Vereinbarungen mit dem Koalitionspartner gebunden und konnten diesen Anträgen nicht zustimmen. Als Politikerin kam ich an meine Grenzen. Die Schüler:innen würden durch keinen Antrag und keine Mehrheit wiederkommen, das war klar. Aber die kollektive – wenn auch nur symbolisch wirksame – Ablehnung der Anträge widersprach allem, wofür ich einstehe. Allem, was mich ausmacht und dazu motiviert, politisch zu arbeiten. Es war eine schwierige Auseinandersetzung, parteipolitisch und persönlich. Rote Linien sind nicht einfach zu ziehen. Es ist ein Abwägen zwischen Bedürfnissen und Einschätzungen, zwischen Loyalität und Integrität. Letztlich blieben eine Kollegin, die Grüne Menschenrechtssprecherin, und ich der Sitzung fern. Für manche eine symbolische und realitätsferne Anbiederung an die Wünsche kritischer Gruppen in Partei und Zivilgesellschaft. Für mich eine politische Gewissensfrage.

Unser Fernbleiben sorgte für viele Diskussionen und innerparteilichen Unmut. Es gab den Einwand, wir würden uns moralisch als die Guten inszenieren, während andere den Kopf für uns hinhielten. Auf einer kollegialen Ebene verständlich, aber mein Referenzrahmen lag bei dem politischen Ereignis: einer Kinderabschiebung. Das sollte es nicht einmal als Wort geben. Aber politisch stehen wir in einer problematischen Sackgasse, wenn es durch die Koalitionsräson keinen Bewegungsspielraum für einzelne Abgeordnete oder auch eine Partei wie die Grünen gibt. Langfristig schwächt das eine glaubwürdige und eine wirksame Menschenrechtspolitik. Diese Situationen sind schwierig und es gibt keine einfache Lösung. Es gäbe eine vielleicht temporär brauchbare Hilfskonstruktion: „geteilte Verantwortung". Abweichendes Abstimmungsverhalten im Rahmen der benötigten Mehrheiten. Kein Gegeneinander, sondern die Zusammenarbeit unter widrigen Umständen für eine politische Veränderung, die als *dissenting opinion* (als abweichende Meinung) sichtbar gemacht und berücksichtigt wird. Als Gegengewicht zu einer Politik des Nachrückens nach rechts.

Die vielen tausenden Menschen in Österreich, die sich gegen Kinderabschiebungen und für eine menschliche Asylpolitik aussprechen und engagieren, haben die Hoffnung und Erwartung, von politischen Entscheidungsträger:innen gehört zu werden. Es sind dieselben Teile der Zivilgesellschaft, die 2015 aktiv wurden, und in einem Kraftakt dort übernahmen, wo der Staat versagte.

Wenn etwas gestärkt werden muss, dann ist es diese solidarische Praxis.

Für eine menschliche Asylpolitik:

› **Sichere Aufnahme:** Schaffung von legalen Fluchtwegen, Beteiligung an humanitären Aufnahmeprogrammen und Ermöglichung der Aufnahme von Flüchtenden durch Bundesländer und Patenschaftsprogramme

› **Faire Verfahren:** Rasche Asylverfahren unter Verankerung und Berücksichtigung des Kindeswohls, mit Anwendung eines weit gefassten Familienbegriffs und zügigen Familienzusammenführungsverfahren

› **Adäquate Versorgung:** Bedarfsgerechte Betreuung bei geschlechtsspezifischen Fluchtgründen und für besonders vulnerable Gruppen, kindgerechte Betreuung von minderjährigen Geflüchteten

› **Chancen und Perspektiven:** Zugang zum Arbeitsmarkt für Asylsuchende nach sechs Monaten im Asylverfahren und Unterstützungs- und Ausbildungsangebote von Anfang an

› **Aufenthalt aus berücksichtigungswürdigenden Gründen:** Vergabe eines humanitären Bleiberechts in Härtefällen nach Prüfung durch Härtefallkommissionen in den Bundesländern; keine Abschiebungen in Kriegs- und Krisengebiete

Mireille Ngosso

MORD AUS LEIDENSCHAFT? NEIN, FEMIZID!

Fadumo lerne ich während meines Wahlkampfs kennen. Ich schließe sie auf Anhieb ins Herz, weil sie eine Kraft und Herzlichkeit ausstrahlt, die mir imponieren, und weil sie obendrein für dieselben Themen brennt wie ich. Beim Flyern kommen wir ins Gespräch und ich erfahre, dass sie Mitte dreißig ist, mit Anfang zwanzig aus Somalia geflohen ist und sich hier mit harter Arbeit ein Leben aufgebaut hat. Als sichtbar muslimische Frau ist sie Anfeindungen ausgesetzt, doch sie lässt sich nicht unterkriegen. Hartnäckig kämpft sie gegen weibliche Genitalverstümmelung, leistet Aufklärungsarbeit in- und außerhalb der somalischen Community und unterstützt Frauen, die von Gewalt betroffen sind. Ich weiß nicht, wie vielen Menschen sie geholfen hat, aber es müssen unzählige sein. In den nächsten Monaten schicken wir einander immer wieder Nachrichten und tauschen uns darüber aus, bei welchen Institutionen und Behörden Fadumo andocken kann, wenn sie in einem Fall nicht weiterkommt.

Für mich ist Fadumo eine Frau, die die Welt verbessert hat. Deshalb schmerzt es so sehr, dass Fadumo Hirsi am 13. September 2021, genau wie ihre Freundin Shugri Ahmed, ermordet wurde. Sie ist in diesem Jahr das 21. Opfer von Femizid. Sie wurde von Shugris Ex-Mann aus dem Leben gerissen, der den Behörden bereits bekannt war. Es macht mich unendlich traurig, dass wir es in unserem

Land nicht geschafft haben, Fadumo, ihre Freundin und 29 weitere Frauen im Jahr 2021 vor Femiziden zu beschützen, genauso wenig wie die unzähligen Frauen, die jeden Tag von häuslicher Gewalt, sexuellen Übergriffen und Belästigung betroffen sind.

In Österreich ist jede 5. Frau körperlicher sowie sexueller Gewalt ausgesetzt.[12] Frauen mit Behinderung sowie Frauen mit psychischer Beeinträchtigung erleben im Vergleich zu Frauen ohne Behinderung besonders häufig schwere sexuelle Gewalt.[13]

Jede 3. Frau in Österreich wurde in ihrem Leben bereits sexuell belästigt. Jede 7. Frau ist von Stalking betroffen. Allein im Jahr 2020 wurden 1507 Frauen und 1487 Kinder in österreichischen Frauenhäusern betreut. 11.495 Betretungs- und Annäherungsverbote mussten von der Polizei verhängt werden.[14]

Diese Zahlen sind erschreckend und dürfen von der Politik nicht hingenommen werden. Sie bilden die Spitze des Eisbergs in einer Gesellschaft, in der FLINTA*[15] systematisch sexualisiert und objektifiziert werden. *Catcalling,* lüsterne Blicke, unerwünschte Annäherungsversuche, anzügliche Kommentare, schlüpfrige Witze: Sexuelle Belästigung drückt sich in vielen Formen aus und kommt in allen Lebensbereichen vor. Männern ist oft nicht bewusst, wie viele Vorsichtsmaßnahmen wir FLINTA* ergreifen, um uns im Alltag vor sexuellen Übergriffen und Belästigung zu schützen. Wir schlendern nachts nicht mit Kopfhörern durch die Straßen, sondern sperren Augen und Ohren auf und klemmen unseren Schlüssel kampfbereit zwischen die Finger. Wir packen Pfeffersprays und Taschensirenen in unsere Rucksäcke und Handtaschen, achten in Bars und Clubs darauf, dass niemand K.-o.-Tropfen in unser Getränk schüttet, und schreiben unseren Freund:innen, wenn wir unbekannte Orte aufsuchen. Wir blicken dreimal über unsere Schulter, wechseln die Straßenseite und gehen lieber gemeinsam mit Freundinnen aufs Klo, weil uns oft ein mulmiges Gefühl beschleicht, wenn wir allein unterwegs sind. Bereits am Morgen vor dem Spiegel überlegen viele FLINTA*, wie sie sich kleiden sollen. Nicht aus Modebewusstsein, sondern weil sie wissen, dass ihre Outfitwahl von anderen dazu missbraucht wird, um Übergriffe, Belästigung und Sexualisierung zu rechtfertigen.

Dass FLINTA* auch im 21. Jahrhundert noch Vorsichtsmaßnahmen ergreifen müssen und sexuelle Gewalt zum Alltag gehört, ist Ausdruck unseres patriarchalen Systems. Femizide sind keine Einzelfälle und haben nichts mit der Herkunft oder Nationalität der Täter zu tun, auch wenn rechte Parteien uns das einreden wollen. Gewalt gegenüber FLINTA* wird von Männern jeder Herkunft verübt, weil sie nicht Ausdruck kultureller Wurzeln ist, sondern von patriarchalen Strukturen, Denkmustern und Einstellungen. Debatten über „kulturell bedingte Gewalt“ oder „importierte Gewalt“ stellen ein perfides Ablenkungsmanöver dar. Sie verzerren die Problemwahrnehmung und instrumentalisieren Femizide für rassistische Politik.

Seit Jahren liegen detaillierte Forderungen und die nötigen Konzepte für eine effiziente Gewaltprävention vor. Doch genauso lange verstauben sie bereits in Schubladen. Wir müssen endlich die richtigen Maßnahmen setzen und FLINTA* effizient vor Gewalt schützen.

Für eine Frauen- und Genderpolitik für alle, die hier sind:

- **Ausreichende Finanzierung:** 2021 hat die Regierung lediglich 25 Millionen Euro zusätzlich in den Gewaltschutz investiert. Die Gewaltschutzeinrichtungen in Österreich benötigen hingegen nach eigenen Angaben 228 Millionen und fordern zudem die Einrichtung von 3000 neuen Vollzeitstellen. Die finanziellen Mittel für Gewaltschutzeinrichtungen und Präventionsarbeit müssen deshalb dringend aufgestockt werden, um einen effizienten Gewaltschutz sicherzustellen.

- **Flächendeckende Versorgung für gewaltbetroffene FLINTA*:** Am 1. November 1987 wurde das erste Frauenhaus in Wien eröffnet. Heute errichtet die Stadt Wien bereits das 5. Frauenhaus, das im Laufe des Jahres 2022 fertiggestellt wird. Zudem gibt es zahlreiche Frauen- und Genderprojekte, die Bewusstseinsbildung und Gleichstellung fördern. Es ist großartig, dass

Wien Gewaltschutz für Frauen und Kinder großschreibt. Eine flächendeckende Versorgung muss in allen Bundesländern sichergestellt werden. Die Frauen- und Mädchenberatung muss ausgebaut werden, genau wie die Förderung von Frauenprojekten. Ein besonderes Augenmerk muss dabei auf Frauen und Menschen mit Behinderung gelegt werden. Barrierefreie Beratungs- und Unterstützungsangebote sowie der barrierefreie Zugang zu Informationen und Gewaltschutzzentren müssen ausgeweitet werden.

› **Enttabuisierung:** Gewalt gegen Frauen findet am häufigsten im eigenen Zuhause oder im sozialen Nahbereich statt. Die Täter sind meist die eigenen Partner, Verwandte, Freunde oder Bekannte. Dennoch kursiert in unserer Gesellschaft der Mythos, dass sexuelle Übergriffe am ehesten nachts in Parks oder in dunklen Hauseingängen von Fremden verübt werden. Solche Mythen sind gefährlich. Sie ermöglichen Tätern, im Verborgenen zu agieren und erschweren es den Opfern, über die Gewalttaten zu sprechen. Besonders in Bezug auf sexuelle Gewalt kommt es immer wieder zu einer Täter-Opfer-Umkehr. Aussagen wie: „Aufreizende Kleidung provoziert Männer" und ähnliche dienen als Entschuldigung und Rechtfertigung für sexuelle Übergriffe und schieben Frauen eine Mitschuld an den Verbrechen zu. Viele Betroffene wagen es aus Scham und Schuldgefühlen oft lange nicht, sich Hilfe zu holen.

Öffentliche Debatten über Gewalt gegen FLINTA* müssen deshalb mit Sensibilität und ohne *victim blaming* geführt werden. Zudem muss im Blick behalten werden, dass Gewalt gegen FLINTA* nicht nur cis Frauen betrifft. Öffentliche Debatten und Gewaltschutzmaßnahmen müssen deshalb immer eine intersektionale Perspektive berücksichtigen.

- **Ausbau der Präventionsarbeit:** Gewalttaten können am besten durch Präventionsarbeit verhindert werden. Diese muss bereits bei Kindern ansetzen. Im Unterricht und in spezifischen Workshops muss der Umgang mit Gewalt thematisiert, darüber hinaus muss über Geschlechterstereotype und traditionelle Männlichkeitsbilder aufgeklärt und reflektiert werden. Auch im Erwachsenenbereich müssen die Maßnahmen zur Bewusstseinsbildung ausgebaut werden. Fachkräfte wie Ärzt:innen, Pflegepersonal, Pädagog:innen und Polizist:innen benötigen umfassende Schulungen, um Anzeichen für Missbrauch und Misshandlung erkennen zu können und einen adäquaten Umgang mit Betroffenen zu erlernen.

Gewalt gegen FLINTA* ist ein gesamtgesellschaftliches und strukturelles Problem und äußert sich nicht nur als körperlicher Übergriff, sondern manifestiert sich in vielen Formen – als sprachliche und physische Gewalt sowie nicht zuletzt als Hass im Netz.

(Potenzielle) Täter müssen lernen, Konflikte ohne Gewalt zu bewältigen. Dafür braucht es einen Ausbau der Männerberatung und eine Ausweitung des Angebots.

Mireille Ngosso

GESUNDHEIT FÜR ALLE

Dr. Miranda Bailey fühlt Brechreiz und Sodbrennen, deshalb liefert sie sich selbst ins Krankenhaus ein. Als Chefärztin weiß sie, dass sie kurz vor einem Herzinfarkt steht. Das vermittelt sie dem Krankenhauspersonal klipp und klar. Der Assistenzarzt entdeckt keine Unstimmigkeiten. Doch Dr. Bailey vertraut ihrer Diagnose mehr als dem unauffälligen EKG und besteht auf weiteren Untersuchungen. Als sie ihre Beschwerden schildert, erkundigt sich der Weiße Chefarzt skeptisch, ob Bailey unter Stress leide. Sie macht unmissverständlich deutlich, dass er ihre Beschwerden nicht auf ihren weiblichen Gefühlshaushalt schieben kann. Trotzdem lenkt er das Gespräch immer wieder auf ihre Psyche. Als Dr. Bailey auf eine Zweitmeinung besteht, wird statt einem Arzt ein Weißer Psychiater zu ihr geschickt. Ihm erklärt sie, dass die Mehrheit der Frauen, die plötzlich an Herzversagen stürben, im Vorfeld keine Symptome aufwiesen, und dass das Risiko bei Women of Color wie ihr besonders hoch sei. Auch diese Worte überzeugen nicht. Am Ende ruft sie ihre afroamerikanischen Ärzte-Kolleg:innen zu Hilfe, die ins Krankenhaus eilen und ihr im letzten Moment das Leben retten.[16]

Warum ich diese fiktive Szene aus Grey's Anatomy schildere? Weil sie sich so ähnlich leider manchmal in der Realität abspielt. Nur sind die Folgen oft tödlich, denn die meisten von uns sind anders als Dr. Bailey keine medizinischen Fachleute, die Selbstdiagnosen erstellen und im Notfall fundierten ärztlichen Rat bei Freund:innen oder Kolleg:innen einholen können. Als Nicht-Mediziner:innen sind wir auf eine adäquate medizinische Behandlung angewiesen, doch das bedeutet, dass unsere Gesundheit in den Händen von Ärzt:innen liegt, die nicht immer ausreichend in Gendermedizin, Diversität und über Rassismus unterrichtet wurden und deshalb nicht wissen, inwiefern sich Symptome und Krankheitsbilder bei Männern und Frauen oder Weißen Menschen und People of Color unterscheiden. Schuld daran sind nicht die einzelnen Ärzt:innen. Es handelt sich um ein strukturelles Versagen, denn bis heute fokussiert die medizinische Lehre, genau wie medizinische Fachbücher, auf den durchschnittlichen, 80 Kilo schweren, Weißen, heterosexuellen cis Mann.

Dabei gibt es seit den Neunzigerjahren eine Disziplin, die aufzeigt, dass FLINTA* im Gesundheitssystem strukturell vernachlässigt werden, und beschreibt, wie das Patriarchat unser medizinisches Wissen und Handeln geprägt hat und weiterhin prägt.

Gendermedizin ist ein Fachgebiet, das die biologischen und psychosozialen Unterschiede zwischen den Geschlechtern berücksichtigt, genauso wie die Tatsache, dass Geschlecht ein soziales Konstrukt ist. Zudem betrachtet es die Auswirkungen von sozialen Faktoren auf die Gesundheit. Gendermedizin überprüft Forschungsergebnisse auf ihre Gültigkeit für Männer und für Frauen. „Geschlecht" ist nämlich ein Faktor, der in der Medizin berücksichtigt werden muss. Er wirkt sich auf Erkrankungen, Krankheitsverläufe, Diagnoseverfahren, Behandlung, Therapie und Prävention genauso aus wie auf die Forschung. „Geschlecht" bezeichnet nicht nur das biologische Geschlecht. In der Gendermedizin wird der Begriff viel weiter gefasst. Gemeint sind das biologische bzw. genetische Geschlecht genauso wie das psychologische und das soziale.

Genetik, Alter, Hormone, Muskelkraft und Körperfett sind biologische Faktoren, die Unterschiede zwischen Frauen und Männern verursachen und in der medizinischen Forschung berücksichtigt werden müssen.

Trotzdem werden Medikamente noch immer vorwiegend an männlichen Probanden getestet. Selbst bei Tierversuchen in der Medikamentenforschung werden männliche Tiere bevorzugt, mit der Begründung, dass der weibliche Hormonhaushalt die Forschung verkomplizieren würde.

Was bei all dem nicht bedacht wird: Frauen und Männer sind biologisch betrachtet unterschiedlich und brauchen deshalb eine gendergerechte Gesundheitsversorgung. Argumente wie „der weibliche Hormonhaushalt verkompliziert die Forschung“ ignorieren schlichtweg die gesundheitlichen Bedürfnisse der Hälfte der Weltbevölkerung. Die Forschung am Prototyp Mann führt dazu, dass die Forschungsergebnisse vorwiegend für Männer gültig sind. Die Wirkung und Nebenwirkungen von Medikamenten sowie die medizinische Behandlung und Therapieansätze werden in vielen Fällen nicht genderspezifisch abgestimmt.

Diese Wissenslücke, die auch als „Gender-Data-Gap“ bezeichnet wird, hat eine lange Tradition. Bei vielen alltäglichen Medikamenten wurden erst nach Jahren der Anwendung genderspezifische Unterschiede festgestellt.

Aspirin beispielsweise wird prophylaktisch verschrieben, um Herzinfarkten vorzubeugen. Eine Studie hat jedoch gezeigt, dass Aspirin vor allem bei Männern gegen Herzinfarkte wirkt, während es Frauen besser vor Schlaganfällen schützt.[17]

Auch im Diagnoseverfahren spielt die fehlende Berücksichtigung von Gender und Geschlecht eine fatale Rolle. Lebensbedrohliche Krankheiten werden bei Frauen oft gar nicht oder aber erst spät erkannt. In einer Studie wurden 128 Hausärzt:innen bei ihrem Arztgespräch von Herzpatient:innen gefilmt. Bei den weiblichen Patientinnen stellten die Ärzt:innen während der Untersuchung deutlich weniger Nachfragen. Außerdem machten die Ärzt:innen für die Beschwerden der Patientinnen eher harmlose Ursachen aus. Beispielsweise wurden Herzprobleme oft als Magen-Darm-Infekte fehlinterpretiert oder als Blutdruckkrisen abgetan.[18]

Auch bei der Krebsdiagnostik sind genderspezifische Unterschiede tragend. So zeigt eine britische Studie, dass es in Bezug auf eine Reihe von Krebsarten wie Magen- oder Lungenkrebs bei Frauen häufiger zu einer falschen oder verspäteten Diagnose kommt. Gerade für die erfolgreiche Krebsbehandlung ist eine frühe Diagnose jedoch wesentlich.[19]

Wie wichtig gendergerechte Medizin ist, zeigte sich zuletzt auch in der Covid-19-Pandemie. Obwohl bekannt ist, dass sich das Coronavirus nachweislich auf Frauen und Männer unterschiedlich auswirkt, haben klinische Studien zu SARS-CoV-2 die Faktoren Gender und Geschlecht überwiegend ignoriert. Das hat eine europäische Meta-Studie gezeigt, in der rund 4500 Covid-Studien analysiert wurden.[20]

Nicht nur fehlendes genderspezifisches medizinisches Wissen führt zu einer unzureichenden Gesundheitsversorgung von FLINTA*, sondern auch unreflektierte Vorurteile.

Dr. Bailey wird vom männlichen medizinischen Personal nicht ernst genommen, weil sie weiblich ist. Ihre ärztliche Expertise wird nicht berücksichtigt. Stattdessen werden für ihre ernsten Symptome ihre Hormone und ihre Psyche verantwortlich gemacht.

Auch im realen Praxisalltag werden FLINTA* oft nicht ernstgenommen. Ihre Beschwerden werden als psychisch bedingt abgestempelt. Das entmutigt die Betroffenen und lässt sie an sich selbst zweifeln. Unreflektierte Geschlechterklischees senken also nicht nur die diagnostische Genauigkeit und gefährden damit Menschenleben, sondern führen auch zu einem Vertrauensverlust. Die fehlenden oder falschen Diagnosen stellen für die Patient:innen eine enorme Belastung dar. Sie müssen Krankheit und Schmerz ertragen und leiden unter dem Gefühl, dass ihnen niemand helfen kann.

Als Woman of Color ist Dr. Bailey im Kontext der Medizin in mehrfacher Hinsicht von Diskriminierung betroffen. Ihren betreuenden Ärzten fehlen nicht nur genderspezifische Kenntnisse, sondern auch das Wissen, wie sich Krankheiten bei People of Color äußern. Krankheiten werden im Unterricht nämlich meistens nur am Beispiel von Weißen Menschen behandelt. Obwohl die Mehrheit der Weltbevölkerung nicht Weiß ist, erschien erst im Jahr 2020 mit „Mind the gap“ ein kostenfreies Handbuch, das Hautkrankheiten auch auf dunkler Haut darstellt. Verfasst wurde es vom britischen Medizinstudenten Malone Mukwende, der auch eine Website ins Leben rief, auf der Ärzt:innen aus aller Welt Beispielbilder von Krankheitssymptomen hochladen können.[21]

Nicht nur Lehrbücher, sondern auch medizinische Geräte orientieren sich am Weißen Menschen. Pulsoximeter messen beispielsweise den Sauerstoffgehalt im Blut anhand der Lichtdurchlässigkeit der Haut. Da die Geräte für helle Hauttöne entwickelt wurden, berücksichtigen sie nicht, dass die Haut von Menschen mit dunklerer Pigmentierung eine andere Lichtdurchlässigkeit aufweist. Dies führt zu ungenauen Messwerten.[22] Besonders fatal ist das in Zeiten der Covid-19-Pandemie. Sauerstoffwerte sind besonders wichtig für die Entscheidung, ob eine Covid-Erkrankung im Krankenhaus behandelt werden muss oder nicht.

Neben der Orientierung am Weißen Menschen spielen in der medizinischen Lehre, Praxis und Forschung auch explizit rassistische Vorstellungen eine Rolle. So wird in der Medizin immer wieder verbreitet: „Südländer:innen, Schwarze Menschen und People of Color haben weniger Schmerzrezeptoren und eine dickere Haut."

Diese pseudowissenschaftliche, rassistische Behauptung entbehrt jeder wissenschaftlichen Grundlage. Trotzdem hat sie reale Folgen. Immer wieder diagnostizieren Ärzt:innen bei People of Color „Morbus mediterraneus", „Morbus Bosporus" oder das „Mamma-mia"-Syndrom. Gemeint ist damit, dass die Schmerzempfindung von People of Color als übertrieben gilt. Diese Abwertung führt in vielen Fällen zu einer mangelhaften Schmerzbehandlung und erhöht das Risiko für chronische Schmerzen. Auch lebensbedrohliche Krankheiten werden bei People of Color häufiger übersehen. Dr. Baileys Beispiel steht für das Schicksal vieler Schwarzer Frauen und Women of Color, bei denen Herzinfarkte signifikant häufiger übersehen werden als beim Rest der Bevölkerung.[23]

All diese Beispiele verdeutlichen, wie wichtig es ist, dass Diversität, Rassismus und Gender von Seiten der Medizin berücksichtigt werden.

Die fehlende Repräsentation von People of Color und FLINTA* in der Medizin führt zu Fehldiagnosen, falscher Behandlung und kann im schlimmsten Fall tödlich enden.

Eine intersektional denkende Gendermedizin muss deshalb zur Norm werden. Als noch junge Disziplin ist die Gendermedizin nicht flächendeckend im Gesundheitsbereich verankert. Ein Ausbau ist daher dringend notwendig.

Im Herbst 2021 habe ich mich beim Wiener Gesundheitsverbund dafür eingesetzt, dass die Thematiken Diversität, Gender und Antirassismus in die Ausbildung von Jungärzt:innen integriert werden. Der Wiener Gesundheitsverbund leitet acht Kliniken und ist Österreichs größter Ausbildner im Bereich der Gesundheits- und Pflegeberufe. Ab 2022 wird ein Modul, das sich Gendermedizin, Diversität und Rassismus widmet, zum fixen Bestandteil der wöchentlichen Fortbildungsreihe „Fit für die Praxis".

Auch mit der Sigmund-Freud-Privatuniversität ist im vergangenen Jahr eine Kooperation entstanden. Aktuell halte ich zu Beginn des Semesters an der Universität Gastvorträge zu „Rassismus in der Medizin".

Das sind Schritte in die richtige Richtung, doch damit unsere Gesundheitsversorgung alle Menschen gleich gut betreuen kann, bleibt noch einiges zu tun. Deshalb fordere ich gemeinsam mit dem Black Voices Antirassismus-Volksbegehren weitere Veränderungen.

Für eine Gesundheitspolitik für alle, die hier sind:

- **Gendermedizinische und rassismuskritische Ausbildungen:** Rassistische und geschlechterspezifische Vorurteile beeinflussen noch immer ärztliche Diagnosen. Die Aufklärungs- und Sensibilisierungsarbeit muss deshalb weiter ausgebaut werden. Gendermedizin und Rassismuskritik müssen in die Ausbildung für Gesundheitsberufe verpflichtend integriert werden. Bereits praktizierende Ärzt:innen sowie ausgebildetes Gesundheitspersonal benötigen Antirassismus-Trainings, Gendermedizin-Workshops und berufsbegleitende Fortbildungen, um FLINTA* und People of Color nach biopsychosozialem Modell die bestmögliche Gesundheitsversorgung zukommen zu lassen.

  Insbesondere Psycholog:innen, Psychiater:innen und Psychotherapeut:innen müssen in Bezug auf die Auswirkungen von geschlechtsspezifischer Diskriminierung und Rassismus auf Gesundheit und Psyche aus- und fortgebildet werden.

- **Ausreichende Finanzierung der Rassismus- und Genderforschung:** Es gibt viele Daten und Studien zum österreichischen Gesundheitssystem, aber kaum eine nimmt Rassismus in der Medizin und Therapie sowie die Auswirkungen von Rassismus auf die Gesundheit in den Blick. Dabei sind Studien etwa zu den Folgen von *racial profiling* für Körper und Psyche genauso wichtig wie die Untersuchung der psychischen und gesundheitlichen Konsequenzen von Sexismus.

  Die staatliche Finanzierung von Studien, die sich wissenschaftlich mit der Gesundheit von Nicht-Männern und People of Color auseinandersetzen, muss umgehend erhöht werden.

  Zudem ist ein Ausbau der Diversität in der medizinischen Forschung, Lehre und Praxis notwendig, um ein wissenschaftlich breiteres und individualisiertes Wissen über den menschlichen Körper jeder Hautfarbe zu generieren.

› **Schaffung einer Meldestelle und Einberufung von Antirassismus-Beauftragten:** Rassistische und geschlechterdiskriminierende Äußerungen gehören leider immer noch zum Praxisalltag.

Für diese Fälle braucht es eine unabhängige Beschwerde-, Melde- und Beratungsstelle, an die sich Betroffene unkompliziert wenden können. In Deutschland gibt es in der Landesärztekammer Hessen einen eigenen Antirassismus-Beauftragten, der sich um rassistische Vorfälle in Gesundheitseinrichtungen kümmert. Auch in Österreich braucht es Antirassismus-Beauftragte in der Österreichischen Ärztekammer, in den Kliniken und den Patient:innenanwaltschaften.

Faika El-Nagashi

DOPPELMORAL

Ich habe elf Jahre lang mit Sexarbeiterinnen gearbeitet. Abends haben wir sie in den Nachtclubs und Bars, den Bordellen und Studios, in den Laufhäusern und am Straßenstrich aufgesucht. Meist waren wir zu zweit unterwegs, eine Kollegin und ich von LEFÖ, einer feministischen Migrantinnenorganisation, die einen Schwerpunkt im Bereich Sexarbeit hat. Wir hatten unsere Taschen gefüllt mit Kondomen und Gleitgel, die wir kostenlos verteilten; ebenso wie Informationsbroschüren zu Gesundheitsthemen in verschiedenen Sprachen, auf denen auch unsere Kontaktdaten aufgedruckt waren. Für die Kellner und Türsteher und Barmänner waren wir die „Frauen mit den Kondomen“, eine Art harmlose oder vielleicht auch irgendwie nützliche Sozialarbeit. Wir waren nicht die Einzigen, die unterwegs waren. Immer wieder kamen kirchliche Gruppen oder auch das Gesundheitsamt vorbei, um mit den Frauen zu sprechen. Wir aber waren vor allem dort, um ihnen zuzuhören. Wir waren auch keine Sozialarbeiterinnen, sondern kulturelle Mediatorinnen – ein Konzept, das im Rahmen des europäischen Netzwerks TAMPEP erarbeitet wurde, das sich für die Rechte von Migrant:innen in der Sexarbeit einsetzt. Es betont die Dimension der Migration, den Stellenwert der Migrationserfahrung im Alltag von migrantischen Sexarbeiter:innen. Die Betroffenheit durch Prostitutionsgesetze ebenso wie durch

Fremdengesetze, durch Rassismus und Diskriminierung und Stigmatisierung gleichzeitig. Kulturelle Mediatorinnen haben selbst eine Migrationsbiografie, sprechen mehrere Sprachen und teilen die Erfahrung der Ausgrenzung und Abwertung als Migrantinnen in der Mehrheitsgesellschaft. Wir sprachen mit den Frauen auf Rumänisch, Bulgarisch, Polnisch, Ungarisch, Spanisch, Portugiesisch oder Englisch. Damit hatten wir oft eine gemeinsame Ebene im Gespräch und die Möglichkeit, viel offener zu sprechen, weil vor allem die Männer – anwesende Kunden oder Chefs – uns meist nicht verstanden. Als kulturelle Mediatorinnen hatten wir aber auch selbst einen Bezug zur Migrationserfahrung der Frauen und vieles, das sie betraf, hatten wir selbst erlebt. Die repressiven Fremdengesetze, die Einschränkungen des Zugangs zum Arbeitsmarkt, die Hürden vor der Anerkennung von Ausbildungen oder gar davor, sich weiter zu qualifizieren, die täglichen Rassismus- und Diskriminierungserfahrungen auf Ämtern und Behörden.

Wir kamen zu ihrem Arbeitsplatz, um die Gemeinsamkeiten zwischen ihnen und uns zu stärken. Und ich lernte viel von ihnen. Wir begegneten einander als Frauen mit einer Verbundenheit, die sich auf verschiedenen Ebenen ausdrückte. Und trotzdem gab es einen sehr gewichtigen Unterschied zwischen uns: Meine Kollegin und ich verließen nach einiger Zeit das Lokal, während sie dortblieben und der Job an diesem Abend für sie als Sexarbeiterinnen erst begann. Meist kamen wir, wenn noch kaum Kunden da waren. Wir begrüßten die Frauen, setzten uns zu ihnen und unterhielten uns. Es gab Themen, die sie immer wieder ansprachen: den Umgang der Behörden mit ihnen bei der Anmeldung als Prostituierte auf dem Bezirksamt oder bei der Polizei und immer wieder (damals wöchentlich!) bei der vorgeschriebenen Zwangsuntersuchung auf Geschlechtskrankheiten; gesundheitliche Beschwerden wie Kopfweh, starke Regelblutungen oder Unterleibsschmerzen und die Suche nach einer vertrauenswürdigen Ärztin; schikanöse Polizeikontrollen zum Beispiel am Weg nach Hause vom Standplatz auf dem Straßenstrich und wiederholte Geldstrafen wegen allen möglichen Verwaltungsübertretungen wie der Arbeit in einer „Verbotszone“ oder zu einer „Verbotszeit“;

Fragen zu Bescheiden im Asylverfahren oder zur Visumsverlängerung; Probleme mit den Betreibern der Arbeitsstätte wegen viel zu hoher Zimmermieten im Laufhaus oder intransparenten Steuerbeträgen in Bordellen; und schließlich die Sorge um die Familie, oft um die eigenen Kinder, die noch zur Schule gingen, oder um die bereits pensionierten Eltern, die sie finanziell unterstützten und selten sahen und die oft dachten, dass sie in Österreich als Kellnerinnen oder Tänzerinnen arbeiten würden.

Oft waren es junge Frauen. Manchmal in meinem damaligen Alter, Mitte zwanzig. Sie stellten viele Fragen – nach meiner Herkunft, meinem Job, meiner Ausbildung, und ob ich auch Kinder hätte. Es roch nach Haarspray und Parfums und wir rauchten gemeinsam und sie erzählten von ihren Zukunftsplänen. Sie zeigten mir die blauen Flecken von der letzten Blutabnahme bei der Gesundheitsuntersuchung auf dem Amt und fragten, ob das denn so sein müsse. Manche von ihnen lebten schon seit vielen Jahren in Österreich, andere erst seit ein paar Monaten. Wir trafen sie oft an ihrem Arbeitsplatz wieder, dann auch zu Einzelberatungen im Büro oder begleiteten sie zu einem Termin. Wir hatten manches gemeinsam. Aber etwas Maßgebliches trennte uns: Die Realität und das Stigma als Sexarbeiterin.

Ich spreche, wenn möglich, von Sexarbeiter:innen und nicht von Prostituierten, um etwas von der auch umgangssprachlich so starken Abwertung wegzunehmen, die schon in der Bezeichnung steckt. Sich zu prostituieren meint schlichtweg, sich zu verkaufen, und das gilt als moralisch verwerflich. Die Abwertung ist aber in der Idee an sich verankert und drückt sich auch in anderen Begriffen aus. In der Politik ist dann schon mal davon die Rede, „die Hure der Reichen" zu sein (wie es in einem Ende 2021 veröffentlichten Chat eines hochrangigen ÖVP-Funktionärs formuliert wurde). Also denen, die Geld und Einfluss haben, zu Diensten zu stehen. Was aber wird bei der Sexarbeit verkauft? Und welche Auswirkung und Funktion hat die moralische Bewertung? Sexarbeiter:innen verkaufen eine sexuelle Dienstleistung, nicht sich selbst oder ihren Körper. Und diese Dienstleistung wird von Männern gekauft – oft von denjenigen, die sich scheinheilig über

„Prostitution" entrüsten und Gesetze dagegen verschärfen wollen. Diese Doppelmoral verhindert es seit Jahren und Jahrzehnten und Jahrhunderten, dass Sexarbeitende zu ihren Rechten kommen.

Ich halte kein Plädoyer für die Prostitution. Oder die Sexarbeit. Aber ich kämpfe mit Überzeugung für die Rechte von Sexarbeiter:innen, für ihre Sicherheit und Selbstbestimmung. Für diejenigen also, deren Bedürfnisse im Mittelpunkt stehen sollten, wenn wir über das Thema sprechen. Und in einem Buch, in dem es um eine *Politik für alle* geht, müssen Sexarbeiter:innen Platz finden. Weil sie so gut wie nie Teil eines *Wir* sind, nie mitgedacht oder berücksichtigt werden, nie anerkannt oder wertgeschätzt. Ihr Platz ist am Rand der Gesellschaft und die Politik unternimmt selten etwas, um das zu ändern.

Die Sexarbeit ist definitiv kein Job wie jeder andere. Aber oft ist nicht einmal klar, worum es genau geht, wenn jemand von Sexarbeit spricht. Ich meine damit eine freiwillig erbrachte sexuelle Dienstleistung gegen Bezahlung zwischen erwachsenen Personen; als gelegentliche oder regelmäßige berufliche Tätigkeit in gegenseitigem Einverständnis. Es ist ein Bereich, in dem zum überwiegenden Teil Frauen arbeiten, und mehrheitlich sind diese in den Ländern des Westens Migrantinnen. Beides zusammen führt zu der massiven Stigmatisierung und Kriminalisierung, die Sexarbeiterinnen erleben.

Bei der Sexarbeit überschneiden und verdichten sich mehrere Unterdrückungssysteme, gesellschaftliche Ausgrenzungen und deren rechtliche Verfestigung. Die erste Herausforderung sehe ich darin, das Stigma zu überwinden und zu durchbrechen, das auf den Frauen lastet, die mit sexuellen Dienstleitungen Geld verdienen und ihren Lebensunterhalt bestreiten. Und ich spreche von Frauen, obwohl auch Männer und Transfrauen in den verschiedenen Branchen der Sexindustrie arbeiten. Aber Frauen – und zwar alle Frauen! – trifft das sogenannte „Hurenstigma", eine der mächtigsten Zuschreibungen, die sich grundsätzlich gegen jede Frau richten kann, die sich patriarchalen Vorschriften entzieht oder diese überschreitet. Die US-amerikanische Sozialpsychologin Gail Pheterson beschrieb in den 1980er Jahren das „Hurenstigma" und die Folgen für Frauen, die davon getroffen werden – auf Grund ihres Verhaltens, ihres Auftretens, ihrer Sexualität oder auch ihrer Bildung. Sie werden dadurch zu „schlechten" Frauen gemacht (wenn sie selbstbestimmt handeln), oder zu „gefallenen" Frauen (wenn sie als Opfer von Männern gesehen werden). In jedem Fall aber sind sie *die Anderen.* „Unanständig" (unehrenhaft, schuldig und unmoralisch). Im Gegensatz zu den „anständigen" Frauen (den ehrenhaften, unschuldigen und moralischen). Diese Trennung von Frauen in „Anständige" und „Unanständige" ist die politische Funktion des Hurenstigmas, das unter anderem zur Isolation und zum Ausschluss von Sexarbeiterinnen führt. Und welche Frau will schon so tief fallen?

Auf der anderen Seite stehen Männer. Als Kunden. Als Polizisten. Als Bordellbetreiber. Als Politiker. Als Laufhausbesitzer. Als Ärzte. Als Escort-Unternehmer. Als Minister. Als Türsteher. Als Taxifahrer. Als Securities. Als Kellner. Als Journalisten. Als Kameramänner. Als Väter, Söhne, Ehemänner. Die Sexarbeit ist ein zutiefst vergeschlechtlichter Bereich der Gesellschaft. Die überwiegende Mehrzahl derer, die für sexuelle Dienstleistungen bezahlen, sind Männer. Diese Verhältnisse auszublenden würde die Komplexität des Tabus der Sexarbeit ignorieren. Jede politische Maßnahme zur Sexarbeit trifft immer zuallererst die Sexarbeiter:innen. Auch bei einer Bestrafung der Kunden für den „Sexkauf" sind es die Frauen, die damit ihre Jobs und ihre Lebensgrundlage verlieren. Die Sexarbeit verschwindet aber deswegen nicht. Sie verlagert sich in die Illegalität, die Abhängigkeiten verstärken sich, und das ist kein guter Ausgangspunkt für Selbstbestimmung.

Und Abhängigkeiten gibt es viele. Sie sind der Nährboden für Gewalt und Ausbeutung. Vieles davon entsteht strukturell. Sexarbeit wird in Österreich durch eine Reihe von Bundes- und Landesgesetzen reguliert, mit Ver- und Geboten, entlang derer sie ausgeübt werden darf. Seit der Strafrechtsreform von 1974 ist sie nicht mehr grundsätzlich kriminalisiert, unterliegt aber zahlreichen kontrollierenden Maßnahmen. Dazu gehören die Prostitutionsgesetze der einzelnen Bundesländer, aber auch das Fremdenrecht, Strafrecht, Steuerrecht und die rechtlichen Vorgaben zu den verpflichtenden Gesundheitsuntersuchungen. Sexarbeiter:innen müssen sich als solche behördlich registrieren, sonst gelten sie als „illegal“ – das bezieht sich nicht auf den Aufenthaltstitel, lediglich auf die Anmeldung, auch wenn das in der medialen Berichterstattung und politischen Diskussion oft völlig durcheinandergebracht wird. Sie brauchen eine Wohnung (oder zumindest ein Zimmer) und eine Meldeadresse; schwierig, wenn kein Einkommensnachweis da ist oder als Beruf Sexarbeiterin angegeben werden muss. Aber auch, um an eine Krankenversicherung, Steuernummer und Gesundheitskontrollkarte (den sogenannten Deckel) zu kommen, sind Sexarbeiter:innen auf Unterstützung angewiesen. Und davon abhängig. Die Arbeitsbedingungen unterscheiden sich von Lokal zu Lokal, ebenso die Verdienstmöglichkeiten. Zu wechseln ist nicht immer einfach. Lokalbesitzer oder Agenturbetreiber sind miteinander bekannt, das erschwert es den Frauen, sich ihnen gegenüber durchzusetzen: Wenn sie offene Geldzahlungen oder ihre Versicherungs- oder Steuerdokumente einfordern, wenn sie ihre Habseligkeiten aus angemieteten Zimmern holen oder ihre Fotos von den Agenturwebseiten entfernen lassen möchten. Die Männer im Business drohen und haben dabei das ultimative Druckmittel: Das Outing als Sexarbeiter:in.

Hier kommen auch die meisten Beratungsstellen schnell an ihre Grenzen. Sie können weder einen 24-Stunden-Notruf noch Schutzwohnungen für Sexarbeiter:innen anbieten. Noch einen Bordellbetreiber mit offenen Forderungen konfrontieren. An die Polizei wenden sich betroffene Frauen nur als allerletzten Ausweg, in den dramatischsten Fällen. Angesichts dieser Herausforderungen hat sich vor über 15 Jahren eine Plattform gegründet, um unbürokratisch und schnell zu unterstützen. Der Verein sexworker.at besteht aus ehemaligen und aktiven Sexarbeiter:innen, vorwiegend Frauen, und engagierten Unterstützer:innen. Sie betreiben ein kostenloses Online-Forum, in dem sie relevante Neuigkeiten austauschen und über verschiedene Themen diskutieren. Und sie bieten so gut wie rund um die Uhr (!) Auskunft und Hilfe an. Ohne staatliche Förderungen. Selbstorganisiert, so gut, wie es geht, sind sie füreinander da. Und stellen ihre Expertise kostenlos auch den

Medien und der Politik zur Verfügung. Damit darüber gesprochen wird. Damit die Verhältnisse sich ändern.

Sexarbeit ist ein Tabu in unserer Gesellschaft. Es verdeckt die Machtverhältnisse, die weibliche (und männliche) Sexualität bewerten, ermöglichen, verhindern, kontrollieren. Und weibliche Körper. Gewalt entsteht in diesem Spannungsfeld und es muss auch möglich sein, diese anzusprechen und zu verhindern. Sexarbeiter:innen müssen über Gewalt in ihrem Arbeitskontext sprechen können, ohne dass ihnen als „Lösung" nur der Ausstieg und eine Umschulung zu Pflegekräften angeboten wird. Die Unterscheidung zwischen Sexarbeit einerseits und Menschenhandel andererseits ist notwendig, damit Sexarbeiter:innen Gewalt- und Ausbeutungsverhältnisse benennen und gute Arbeitsbedingungen einfordern können. Mit weniger Stigma und mehr Selbstbestimmung. Und mit der Solidarität aller Frauen, die in den patriarchalen Verhältnissen leben.

Für eine Politik der Selbstbestimmung von Sexarbeiter:innen:

- **Einbindung** von Sexarbeiter:innen in alle Gesetzesänderungen, die sie und ihre Lebensrealitäten betreffen. Dazu braucht es bereits im Vorfeld einen regelmäßigen Austausch mit politischen Entscheidungsträger:innen.

- **Reform** der bestehenden Sondergesetze, insbesondere der verpflichtenden Gesundheitsuntersuchungen, nach menschenrechtlichen Gesichtspunkten.

- **Respekt** im Umgang mit Sexarbeiter:innen! Das gilt für die Politik, die Behörden, die Medien und die Polizei.

- **Stärkung** der Selbstorganisation von Sexarbeiter:innen, Bereitstellung von Schutzräumen und Ressourcen für dringende Unterstützungsfälle.

- **Klare Trennung zwischen Menschenhandel und Sexarbeit:** Opferschutz für Betroffene des Menschenhandels, Schutz vor Gewalt für Sexarbeiter:innen.

Mireille Ngosso

APPLAUS IST NICHT GENUG

Das Kabelwerk ist eine bunte Wohnsiedlung im 12. Bezirk in Wien, mit Grünanlage, Sauna, Fitnesscenter und einem Pool auf der Dachterrasse. Es befindet sich rund zehn Gehminuten vom Schöpfwerk entfernt, wo ich mit meinen Klassenkamerad:innen aufwuchs. Für uns symbolisierte der zwei Straßen weiter gelegene Wohntraum eine andere Welt. Eine, in der es sich entspannter lebt, weil man keine Angst um den Job oder finanzielle Sorgen hatte. Natürlich betrachteten wir das Leben im Kabelwerk damals durch eine rosarote Brille. Doch wer vom Schöpfwerk in eine geförderte Wohnung im Kabelwerk umzog, hatte den sozialen Aufstieg geschafft. Davon träumten wir alle.

In Österreich wird Wohlstand noch immer vererbt. Eine Vermögensstudie der Österreichischen Nationalbank kam jüngst zu dem Ergebnis, dass das reichste Prozent der Bevölkerung fast fünfzig Prozent des Gesamtvermögens in Österreich besitzt.[24] Dagegen sind in Österreich aktuell 1,5 Millionen Menschen armutsgefährdet, darunter 350.000 Minderjährige.[25] Die Schere zwischen Arm und Reich klafft immer weiter auseinander. Harte Arbeit und eine gute Ausbildung bringen uns weniger weit als früher, denn der soziale Aufstieg wird immer schwieriger. Obwohl immer mehr Menschen an die Uni strömen, die Matura abschließen und eine Fortbildung nach der anderen absolvieren, bleibt den meisten

Österreicher:innen am Ende des Monats kaum noch ein Euro auf dem Bankkonto. Besonders belastend ist dieser sozioökonomische Wandel für Menschen, die in prekären Verhältnissen arbeiten. Meist handelt es sich dabei um Frauen und Menschen mit Migrationsbiografie.

Die Covid-19-Pandemie hat gezeigt, dass unter anderem Pfleger:innen, Lieferant:innen, Supermarktangestellte, Erntehelfer:innen und Elementarpädagog:innen in diesen herausfordernden Zeiten Österreich am Laufen halten. Trotzdem bekommen sie für ihre harte Arbeit weder die finanzielle noch die gesellschaftliche Anerkennung, die ihnen zusteht.

Eine Bekannte, die seit drei Jahrzehnten in der Pflege arbeitet und die unerfüllten Reformversprechen satt hat, meinte letztens: „Wie schnell käme wohl eine gute Pflegereform zustande, wenn Politiker:innen selbst täglich als Pfleger:innen am Krankenbett arbeiten müssten. Würden sie geduldig darauf warten, dass sich ihre schweren Arbeitsbedingungen nach einigen Jahren, vielleicht sogar Jahrzehnten endlich einmal verbessern? Politiker:innen sollten sich bewusst machen, dass sie die Macht haben, Bedingungen zu schaffen, die auch ihnen am Ende ihres Lebens zugutekommen." Systemerhalter:innen haben mehr verdient als Lob für die Leistung, die sie täglich erbringen. Klatschen und Komplimente sind schöne Gesten, werden aber von Seiten der Gesellschaft, der Politik und der Arbeitgeber:innen oft auch eingesetzt, um Menschen zum bloßen Durchhalten zu motivieren. Jeder Mensch, der in systemrelevanten Berufen schuftet und durch die Pandemie erschwerte Arbeitsbedingungen erdulden muss, erfährt am eigenen erschöpften Körper, dass bloße Worte zu wenig sind.

Besonders herausfordernd ist die Pandemie auch für Mütter. Frauen werden aktuell in traditionelle Rollen zurückgedrängt. Sie übernehmen den Großteil des Homeschoolings, der Kinderbetreuung und der Hausarbeit und arbeiten nebenbei noch im Homeoffice. Bereits vor der Pandemie leisteten Frauen deutlich mehr unbezahlte Arbeit als Männer. Für eine echte Gleichberechtigung braucht es deshalb weitere Schritte, wie den Ausbau der

Kinder- und Ganztagsbetreuung, damit Beruf und Familie für alle Eltern vereinbar werden. Bereits 2016 plante der damalige Bundeskanzler Christian Kern 1,2 Milliarden Euro für den flächendeckenden Ausbau einer kostenlosen ganztägigen Kinderbetreuung zur Verfügung zu stellen. Vereitelt wurde dieses Vorhaben, wie mittlerweile bekannt wurde, durch Sebastian Kurz. Es ist unglaublich, dass Millionen Familien wegen der Machtgier eines Mannes auf Betreuungsplätze verzichten müssen, auf die jedes Kind einen Anspruch haben sollte.

Eine ganztägige Betreuung für Kinder und Jugendliche benötigt natürlich mehr Personal, genauso wie bessere Arbeitsbedingungen für pädagogische Fachkräfte. Besonders Elementarpädagog:innen leiden unter schwierigen Rahmenbedingungen. In einer Kindergartengruppe werden je nach Bundesland bis zu 25 Kinder betreut. Wie mir eine Elementarpädagogin jüngst erklärte, wird bei diesem Betreuungsschlüssel aber nicht berücksichtigt, dass auch die Tagesbetreuungslänge eine wesentliche Rolle für die Fachkraft-Kind-Relation spielt. Ein niedriger Personalschlüssel belastet nicht nur pädagogische Fachkräfte, sondern wirkt sich auch negativ auf die Kinder aus. Ein intensiver Austausch zwischen Pädagog:innen und Kindern fördert nämlich sowohl die sprachliche als auch die kognitive Entwicklung.[26]

Kindergärten sind die erste Bildungsstätte, die Stärken, Fähigkeiten und Wissen gezielt fördern kann. Damit Kinder die beste Unterstützung erhalten, müssen Kindergärten zu interdisziplinären Kompetenzzentren werden. Dies beinhaltet zum Beispiel zusätzliche Sprachförderung in Kleingruppen.

Die Lebenswelten von Familien werden immer komplexer, deshalb braucht es niederschwellige Zusatzangebote in den Kindergärten, beispielsweise durch Sozialarbeiter:innen und Therapheut:innen.

Die Stadtregierung hat 2021 beschlossen, jährlich 13 Millionen Euro zusätzlich in den Elementarbereich zu investieren, um die Qualität der Betreuung zu erhöhen. Anfang 2022 kamen nochmals 60 Millionen Euro hinzu, da die Stundenzahl der Assistent:innen von 20 auf 40 Wochenstunden erhöht wurde. Die leitenden pädagogischen Fachkräfte erhalten somit zukünftig mehr Unterstützung bei der Betreuung einer Kindergruppe.

Diese Schritte stellen eine wichtige Entlastung dar, doch für eine gerechte Sozialpolitik braucht es österreichweit Veränderung.

Für eine Sozialpolitik für alle, die hier sind:

› **Die Einführung eines Mindestlohns:** Arbeit muss sich lohnen. Wer 40 Stunden hackelt, sollte nicht von Armut betroffen sein. Alle Menschen müssen gut von ihrem Einkommen leben können und auch am Ende des Monats genug Geld übrighaben. Tatsächlich verzeichnet aber jede:r 6. Österreicher:in ein Minus auf dem Bankkonto.[27] Die Covid-19-Pandemie hat die Lage für viele noch verschärft. Die Inflation steigt, die Lebensmittelpreise werden teurer, genau wie die Miet-, Wohn-, Strom- und Heizkosten. Diese Teuerungen belasten nicht nur die Geldbörse, sondern lösen auch Existenzängste aus. Ein gerechter Lohn schützt nicht nur vor Armut, sondern befreit Menschen auch von Sorgen, Nöten, Stress und Ängsten, die mit der Geldknappheit einhergehen. Die Einführung eines gesetzlichen Mindestlohns von 1.700 Euro ist deshalb dringend notwendig, genauso wie die Steuerbefreiung des Einkommens bis zu diesem Betrag.

› **Eine Pflegereform:** Jede:r von uns möchte in Würde altern und auch im Ruhestand ganzheitlich versorgt werden. Überlastetes Personal ist kein Kriterium für Qualitätssicherung. Pflege ist körperliche und psychische Schwerstarbeit. Wir brauchen deshalb verkürzte Arbeitszeiten bei gleichem Lohn. Pflegekräfte müssen zudem den Zugang zur Schwerarbeiterpension erhalten.

Bessere Arbeitsbedingungen entlasten nicht nur das Personal, sondern schaffen auch Anreize für angehende Pflegekräfte. Bis 2030 werden 100.000 neue Pflegekräfte benötigt.[28] Deshalb müssen die Bedingungen für den Berufseinstieg in die Pflege erleichtert werden, durch eine kostenlose Pflegeausbildung und den Ausbau von Quereinstiegsmöglichkeiten.

- **Ausbau der ganztägigen Kinderbetreuung:** Jedes Kind hat das Recht auf eine gute Betreuung und Bildung. Ein Rechtsanspruch für Kinder auf einen Betreuungsplatz muss deshalb gesetzlich verankert werden.

  Zudem muss das Betreuungsangebot für Kinder und Jugendliche österreichweit ausgebaut und kostenlos zur Verfügung gestellt werden.

  Die Betreuung, Bildung und Erziehung von Kleinkindern ist eine herausfordernde und wertvolle Tätigkeit, die entsprechend entlohnt werden muss. Eine Gehaltserhöhung für Elementarpädagog:innen und pädagogische Assistent:innen ist daher dringend notwendig.

  Um die Qualität der Kinderbetreuung sicherzustellen, müssen Pädagog:innen durch die Anpassung des Betreuungsschlüssels entlastet werden. Zudem bedarf es einer österreichweit einheitlichen umfassenden Ausbildung für pädagogische Assistent:innen.

Faika El-Nagashi

KEIN TIER IST EGAL

Ich bin erst vor einigen Jahren zum Tierschutz gekommen. Durch behutsame Fragen einer veganen Kollegin, die sich schon seit vielen Jahren für Tiere einsetzt. Durch offene und freundliche Tierrechtsaktivist:innen, die mir bereitwillig alles erklärt haben. Und durch einen Workshop über Kommunikationsstrategien zur Stärkung der veganen Bewegung. Ich kann aus eigener Erfahrung sagen, dass es nicht einfach ist, bei diesem Thema zu anderen Menschen durchzudringen und Bewusstsein für die Grausamkeiten einer Ideologie zu schaffen, die uns darauf konditioniert, bestimmte Tierarten zu essen. *„Why we love dogs, eat pigs and wear cows"* – so hat die US-amerikanische Sozialpsychologin Melanie Joy diese Ideologie auf den Punkt gebracht. Warum wir Hunde lieben, Schweine essen und Kühe anziehen, also manche Tiere zu unseren Freund:innen machen, und andere zu unserer Nahrung. Wodurch wird ein Lebewesen zum Essen? Und wieso lassen wir es zu, dass Tiere bestimmter Arten gequält und getötet werden, und behandeln andere wie unsere Familienmitglieder? Melanie Joy bezeichnet das als ein unsichtbares Glaubenssystem, eine Ideologie, die tief in unserer Gesellschaft verwurzelt ist. Sie nennt diese Karnismus. Diese Ideologie sichtbar zu machen und zu verändern ist nicht einfach. Es rüttelt bei vielen an den Grundfesten ihrer Weltanschauung. An Überzeugungen, Handlungen, Gedanken,

Normen, Gesetzen. Aber ist diese Ideologie einmal durchblickt, sieht die Welt für immer ganz anders aus.

The end of meat is here. So der Titel eines Gastkommentars in der „New York Times" im Mai 2020, zu Beginn der COVID-19-Pandemie. Das Ende des Fleischkonsums. Der Massentierhaltung. Der Regenwaldrodungen für Futtermittel. Der Antibiotikaresistenzen. Der Übertragung von Bakterien und Krankheiten von Tieren auf Menschen. Das Ende von Zoonosen – wie COVID-19. Die Massentierhaltung mit ihren gigantischen Mengen an CO2-Emissionen ist einer der Hauptgründe für den Klimawandel, und die Umstellung auf eine pflanzliche Ernährung wäre ein bedeutender Beitrag, den jede und jeder leisten könnte. Die Fleischproduktion institutionalisiert prekäre Arbeitsbedingungen in den Schlachthöfen, in denen im Minuten-, wenn nicht im Sekundentakt getötet werden muss. Das ist unsere Normalität. Die systematische Misshandlung, Ausbeutung und Tötung von Tieren; die Zerstörung von Umwelt, Klima und Biodiversität; Wasservernichtung und Grundwasserverschmutzung; Schweinegrippe, Vogelgrippe, Ebola, Corona.

„If you care about the working poor, about racial justice, and about climate change, you have to stop eating animals." – so der Artikel in der „New York Times". Um Armut, Rassismus und die Klimakrise zu bekämpfen, müssen wir also aufhören, Tiere zu essen. Ich engagiere mich nicht für den Tierschutz, weil ich Tiere besonders (oder mehr als der Durchschnitt) mag. Viele Menschen streicheln Tiere, ziehen daraus aber keine Konsequenzen für ihr persönliches oder politisches Handeln. Ich engagiere mich für eine Politisierung der Tierfrage. Für mich geht es um zentrale Aspekte der globalen Gerechtigkeit, um ein feministisches Thema ebenso wie ein menschenrechtliches. Ein Klima- und Umweltschutzthema. Einen Teil der Ernährungswende und der Agrarwende. Eine Frage der Gesundheit und der globalen Gerechtigkeit. Bedingung für das gute Leben für *wirklich alle.*

In Österreich werden jedes Jahr fünf Millionen Schweine geschlachtet. In einem Land mit neun Millionen Einwohner:innen. Dazu kommen 100 Millionen Hühner. Zehn Millionen männliche Küken, die nach dem Schlüpfen getötet werden. Über eine halbe

Million geschlachtete Rinder und Kälber. Über eine Viertelmillion Schafe und Lämmer. Zehntausende Ziegen, Puten, Gänse, Enten. Eine halbe Million Milchkühe. Viereinhalb Tonnen Speisefisch aus Aquakultur. Unvorstellbar. Wir wissen, warum wir nicht sehen, was wir niemals sehen wollen. Anbindehaltung, Kastenstand, Vollspaltenböden, betäubungslose Ferkelkastration und Schnabelkürzungen, Qualzucht und unnatürlich schnelles Wachstum von Knochen und Muskeln. Schmerzen, Gelenksentzündungen, Atemwegserkrankungen, Antibiotikaresistenzen. Futtermittelimporte aus Regenwaldrodungen, Export der kalkulierten Überproduktion nach China. Der Anteil der Tiere in Bio-Haltung liegt bei kaum einer Tierart über 50 %. Ein System, das für uns alle schlecht ist. Und das durch finanzielle Anreize allein nicht verbessert werden kann. Es braucht gesetzliche Neuregelungen und dafür den Druck aus der Zivilgesellschaft. So weiterzumachen wie bisher, ist keine Option. Wir müssen den Konsum tierischer Produkte reduzieren.

Der Tierschutz ist sehr vielen Menschen in Österreich ein sehr großes Anliegen. Das zeigen die Erfolge der Tierschutzvolksbegehren von 1996 und 2021, die jeweils von fast einer halben Million Menschen unterschrieben wurden. Als Aufforderung an die Politik, den Schutz nichtmenschlichen Lebens ernst zu nehmen. Und das zeigt das Engagement einer aktiven und unbeugsamen Tierrechts- und Tierschutzszene in Österreich. Und es ist nur passend, in einem Buch, in dem wir die großen Polizeiaktionen „Operation Spring" (1999 gegen die Schwarze Community) und „Operation Luxor" (2021 gegen die muslimische Community) ansprechen, auch den sogenannten „Tierschützerprozess" zu erwähnen. In einem medial als „Monsterprozess" bezeichneten Verfahren wurden dreizehn Tierschutzaktivist:innen im Jahr 2009 wegen Bildung einer kriminellen Vereinigung angeklagt. Der Verein gegen Tierfabriken (VGT) hat eine Webseite[29] zum Prozess erstellt und beschreibt dort den Ablauf der Ereignisse: Nach dem ersten großen Tierschutzerfolg mit dem Pelzfarmverbot im Jahr 1998 beginnt die Bespitzelung durch das Amt für Terrorismusbekämpfung und der Tierschutz bekommt ein eigenes Kapitel im jährlichen Verfassungsschutzbericht. 2006 beginnen die Ermittlungen gegen die Tierschutzaktivist:innen durch die Staatsanwaltschaft, 2007 wird eine eigene Sonderkommission gegründet. Es folgen Spione, große Lauschangriffe (also Überwachungsmaßnahmen im Privatbereich), Videofallen und Observationen. Im Mai 2008 durchsuchen bewaffnete und vermummte Sondereinheiten der Polizei 23 Wohnungen und sieben Büros von sechs Tierschutzorganisationen, weitere Hausdurchsuchungen folgen. Insgesamt waren Überwachungsmaßnahmen gegen 267 (!) Verdächtige angeordnet worden. Zehn Personen wurden in Untersuchungshaft genommen und dreieinhalb Monate lang dort festgehalten. Gegen dreizehn Verdächtige wird Anklage erhoben. Der Vorwurf: Sie hätten zwar nur legale Handlungen im Rahmen ihres Tierschutzaktivismus gesetzt, allerdings, um damit ideell und indirekt auch Ziele einer angeblichen kriminellen Organisation zu unterstützen. Im März 2010 beginnt ein Prozess, der sich über Jahre zieht und hohe Wellen schlägt, weil politische Motive und politische Verfolgung dahinter vermutet werden: Stehen die Tierschützer:innen wegen krimineller Straftaten oder aber wegen ihrer Überzeugung und der Wirkung ihrer Arbeit vor Gericht? Die Angeklagten werden schließlich in sämtlichen Anklagepunkten freigesprochen, in der letzten verbleibenden Teilklage erfolgt der Freispruch erst 2014, sechs Jahre nach den Hausdurchsuchungen. Die Freigesprochenen bleiben auf den enormen Verteidigungskosten sitzen, ihre Arbeit wird kriminalisiert.

Der Tierschutz ist kein Thema für Tierliebhaber:innen. Er ist eine politische Systemfrage. Die Tierrechtscommunity sorgt seit Jahrzehnten mit Aufklärungs- und Aufdeckungsarbeit dafür, dass wir uns überhaupt ein Bild davon machen können, was für ein Leben Tiere führen müssen. Aufnahmen aus Tierfabriken zeigen die gesetzeswidrigen Haltungsbedingungen, die sonst unentdeckt bleiben würden. Studien belegen den Gesundheits- oder vielmehr den Krankheitszustand der sogenannten Nutztiere in konventioneller Haltung. Die Statistiken, beispielsweise von Importen und Exporten lebender Tiere zur Schlachtung, sind skandalös. Ebenso wie der Zustand von Tieren, die durch Qualzucht so krank sind, dass ihnen allein schon das Wachstum ihres Körpers Schmerzen bereitet – wie bei Hunden, die nicht mehr genug Luft zum Atmen bekommen. Haltungsbedingungen, die jedem menschlichen Zugang zu anderen Lebewesen widersprechen.

Ich bin radikal, was die politische Dringlichkeit anbelangt. Was auf unseren Tellern landet, was wir essen, wovon wir uns ernähren, ist – vor allem, wenn es tierische Produkte sind – in höchstem Maße politisch, und wir müssen die Möglichkeit haben, informierte Entscheidungen zu treffen. Viele Menschen fordern Gestaltung und Veränderung im Tierschutz durch die Politik. Sie sind es leid, diejenigen zu sein, die allein mit ihren Konsumentscheidungen das System verändern sollen. Sie sind es leid, wieder und wieder die unerträglichen Bilder aus Betrieben und von Tiertransporten in den Medien sehen zu müssen – und sie erwarten, dass die Massenausbeutung von Lebewesen für den Profit und für die Konzerne, gegen unsere Umwelt und gegen unsere Gesundheit endlich beendet wird.

Auf der persönlichen Ebene weiß ich, dass Veränderung nicht einfach ist. Jeder Schritt zählt. Jede Veränderung. Jede Reduktion des Konsums tierischer Produkte. *As vegan as possible,* so vegan wie möglich. Auch das ist ein Zugang von Melanie Joy und erweitert die Allianzen und Bündnisse, die wir eingehen können. Hilft uns, nicht dogmatisch zu sein und langsam, aber gemeinsam das System zu verändern. Immer mehr Menschen entscheiden sich für eine Ernährungsweise ohne Fleisch oder tierische Produkte. Sie machen das wegen der Tiere, wegen des Klimas, wegen der Umwelt, wegen der Gesundheit, wegen der Zukunft. Und es ist kein Verzicht, anderen Lebewesen – und letztlich sich selbst – mit Empathie zu begegnen.

Für eine Politik, der kein Tier egal ist:

› **Aufklärung** über die Ideologie des Karnismus in Schulen und durch Informationskampagnen

› **Förderung und Unterstützung** pflanzlicher Ernährung in öffentlichen Einrichtungen der Gemeinschaftsverpflegung (Kindergärten, Schulen, Krankenhäuser, Alten- und Pflegeheime) sowie in Betriebskantinen und Mensen

› **Stärkung** der pflanzlichen Ernährung in der nationalen Ernährungspolitik und Erarbeitung von Empfehlungen für eine ausgewogene vegane Lebensweise

› **Transparenz** im Handel und in der Gastronomie in Bezug auf die Haltungsbedingungen von Tieren in der Landwirtschaft

› Eine mutige **Tierrechtspolitik**, die den Interessen der Tiere verpflichtet ist

4
ZUKUNFT

FÜR EUCH

Wir sind in die institutionelle Politik gegangen, um das System zu verändern und aus dem System heraus etwas zu ändern. Es ist aber nicht einfach, sich in der Politik zu orientieren. Oder überhaupt in die politische Arbeit im institutionellen Bereich einzusteigen. Für diejenigen, deren Familien nicht schon seit Generationen in der Politik sind. Oder die sich bislang von der Politik nicht angesprochen und repräsentiert gefühlt haben. Auch für uns war der Anfang schwer. Wir haben es uns erarbeitet, haben ausprobiert und gelernt. Rückblickend hätten wir zu Beginn gerne mehr Austausch darüber gehabt, was uns erwartete. Oder Mentor:innen, die ihre Erfahrungen mit uns teilen. Der berufliche Alltag in einer Partei kann herausfordernd und zermürbend sein. Vieles ist durch die Umstände auf Konkurrenz, wenig auf Kooperation ausgerichtet. Es gibt eine eigene Sprache, eigene Abläufe, eine ganz eigene Logik. Eine Partei ist kein *Safe Space*. Im Gegenteil. Sie ist durchwirkt von Machtverhältnissen und Machtkämpfen und es ist wichtig, sich darüber von Anfang an im Klaren zu sein. Sie ist auch nicht immer oder für alle der beste Ort, um sich für politische Anliegen einzusetzen. Das Engagement in einem Verein, die Gründung einer Initiative oder die Mitarbeit in einem Projekt kann näher an der Lebensrealität von Menschen sein, als Stunden und Tage mit Diskussionen in Sitzungen und Ausschüssen zu verbringen. In der eigenen Motivation steckt der Motor dafür, sich den Weg durch Strukturen und Dynamiken zu bahnen, die manchmal schwer auszuhalten sind oder auch im Widerspruch zu den eigenen Ansprüchen und Werten stehen. Der politische Antrieb für mehr soziale Gerechtigkeit, für Klimagerechtigkeit, für Menschenrechte, für Demokratie, für Inklusion, für Diversität, für Frieden kann sich auf unterschiedliche Arten entfalten. Die Ebene der institutionellen Politik ist nur eine davon. Und ja, es braucht in der Politik diejenigen, die schon Erfahrung mitbringen. Aber niemand wird als Polit-Profi geboren und es braucht auch die Möglichkeiten, Erfahrungen zu machen.

Was wir euch mitgeben möchten:

Entdeckt eure Interessen. Wir haben uns lange mit den Themen beschäftigt, für die wir stehen, von denen wir überzeugt sind und die uns zu unserer Arbeit motivieren. Aus dieser Leidenschaft ziehen wir die Kraft, um auch nach Rückschlägen weiterzumachen. Wir „brennen" für unsere Anliegen. Soziale Gerechtigkeit, Antirassismus, Feminismus, Diversität sind einige unserer Interessen. Dabei geht es nicht nur darum, sich in ein Gebiet einzulesen oder sich etwas anzueignen, sondern die eigenen inhaltlichen Herzensanliegen zu kennen und herauszufinden, welche politischen Ziele ihr damit verbindet.

Findet euren Weg. Wo könnt ihr eure Anliegen am besten einbringen? Wir sind in die institutionelle Politik gegangen, weil wir Rahmenbedingungen und Strukturen verändern möchten. Aber auch in der Zivilgesellschaft könnt ihr am System rütteln. Oder in den Medien. Durch Kunst und Kultur. In Gewerkschaften. Oder in Sozialunternehmen. In der Jugendarbeit. Oder im Bildungsbereich. Es ist kein Entweder-oder. Wir sind selbst immer noch in Bündnissen – wie dem Black Voices Volksbegehren oder der Plattform für eine menschliche Asylpolitik, den kritischen Mediziner:innen oder feministischen Vernetzungen – aktiv. Es gibt viele Möglichkeiten anzudocken – je nach den eigenen Zielen, Interessen und Zeitressourcen. Schaut euch alles in Ruhe an, auch bei den einzelnen Parteien. In welchen Parteiprogrammen findet ihr euch wieder? Was spricht euch an? Besucht eine Veranstaltung oder eine Sitzung. Seht euch verschiedene Gruppen an. Manchmal gibt es Schwerpunkte in Teilorganisationen: Jugend, Senior:innen, Frauen, LGBTIQ, Menschen mit Behinderungen, Migrant:innen, Studierende, Tierschutz oder bestimmte Berufsgruppen. Ihr müsst nicht gleich all in gehen oder euch in die erste Reihe stellen. Vielleicht wollt ihr eine Zeitlang ehrenamtlich unterstützen oder vorerst eher punktuell mitarbeiten. Wir wussten beim Parteieintritt noch nicht, dass wir einmal im Landtag oder im Nationalrat arbeiten würden. Manches ergibt sich auch erst auf dem Weg.

Erarbeitet eure Expertise. Wenn ihr die politische Arbeit mit eurer Ausbildung oder eurem Beruf verbinden könnt, dann habt ihr zu diesen Themen nicht nur eine Meinung, sondern auch eine Ahnung davon. Das stärkt eure Positionen und gibt ihnen mehr Glaubwürdigkeit. Dafür braucht es nicht immer den akademischen Weg oder eine Fachausbildung. Fortbildungen, Vorträge oder Workshops zu bestimmten Themen und die Vernetzung mit Expert:innen in dem Bereich sind eine Möglichkeit, euch inhaltlich zu festigen. Das Wissen, das ihr euch aneignet, ist euer Werkzeug in der politischen Arena.

Folgt eurem Kompass. Politisches Arbeiten kann bereichernd und auch überwältigend sein. Es gibt Höhen und Tiefen, Aufstieg und Fall, Beliebtheit und Ungnade. Es gibt viele Begehrlichkeiten, die sich auf euch als öffentliche Person richten. Nicht alle davon sind positiv. Woran könnt ihr euch orientieren? Wir sind später in die Politik gegangen, als Kolleg:innen, die schon in ihrer Jugend in der Partei waren. Sozusagen als Quereinsteigerinnen. Wir haben uns über unsere Studien und unsere berufliche und politische Arbeit ein Standbein außerhalb der Partei geschaffen. Referenzpunkte, Beziehungen und Orientierung. Wir reflektieren unsere politische Entscheidungen in diesen Räumen. Sie sind die Verankerung dessen, wo wir inhaltlich stehen. Es macht uns unabhängiger von den parteipolitisch motivierten Erwartungen an uns und lässt uns eine Alternative zu unserem Polit-Alltag erleben. Wir haben mit diesem Kompass eine wichtige Unterstützung in unseren Entscheidungen und eine Perspektive für die Zeit nach dem politischen Amt.

Setzt eure Grenzen. Eine Partei ist auch ein Spiegel der Gesellschaft, es gibt ebenso Rassismus, Sexismus, Diskriminierung und Mobbing. Es geht oft um Status und Macht, es wird viel gerungen, nicht immer fair. Es braucht eine dicke Haut, um in der Politik zu bestehen. Wir sagen das in dieser Deutlichkeit, ungeschönt und persönlich, weil das unsere Erfahrung ist. Weil das die Realität des Polit-Business ist. Politiker:in ist kein Job wie jeder andere. Jede unbedachte Äußerung wird gerne von den Medien, anderen Parteien, Parteikolleg:innen oder Bürger:innen zerrissen, Ideen werden zerpflückt, politische Vorhaben schubladisiert. Es braucht einen langen Atem und Resilienz. Widerstandsfähigkeit. Es ist wichtig, diese Erfahrungen zu benennen und zum Selbstschutz oder aus politischen Gründen eine Grenze zu ziehen. Uns hilft dabei ein Umfeld abseits der Partei, das mehr Abstand zu allem hat und für uns da ist: Familie, Freund:innen, Communities, Mitstreiter:innen. Ihre Anerkennung und Wertschätzung geben uns die Kraft, um weitermachen zu können. Und auch in Hinblick auf unser politisches Gewissen müssen wir Grenzen ziehen können. Als Menschen mit Werten und Haltungen in der Politik.

FÜR UNS

Wir sind als Politikerinnen eng mit der Zivilgesellschaft und mit politischen Bewegungen verbunden, die sich zu den Schwerpunkten Antirassismus und Antidiskriminierung, Frauen- und Menschenrechte, soziale Gerechtigkeit und Klimagerechtigkeit organisieren. Ihnen ist gemein, dass sie die bestehenden Verhältnisse verändern und soziale, ökonomische und politische Rahmenbedingungen für mehr Gerechtigkeit und mehr Solidarität schaffen wollen. Dabei vertreten sie ihre Interessen mit unterschiedlichen Mitteln. Und manchmal mit einem Fokus auf die „eigenen" Interessen, ohne andere Ebenen von Ausschlüssen miteinzubeziehen. In den sozialen Bewegungen kommt Gewerkschaften als institutionalisierte Kräfte eine besondere Stellung zu. Mit Streiks haben sie sehr wirkmächtige ökonomische Möglichkeiten, um bessere Arbeitsbedingungen für Arbeitnehmer:innen durchzusetzen. Die antirassistische Bewegung hingegen verschafft ihren Anliegen durch die Mobilisierung zu großen Straßenprotesten Gehör, ohne jedoch unmittelbaren politischen Druck erzeugen zu können. Aber die Gewerkschaften thematisieren diskriminierende Ausschlüsse zu wenig und beschränken sich oft auf ökonomische Aspekte (wie Lohnverhandlungen oder die Beratung von Arbeitnehmer:innen). Und umgekehrt werden diese in der antirassistischen Bewegung zugunsten der Forderung nach politischen Rechten zu wenig berücksichtigt. An diesen Schnittstellen liegt das Potenzial für starke Bündnisse, in denen sich Gewerkschaften, soziale und antirassistische Bewegungen miteinander solidarisieren und sich gegen die Verhältnisse zusammenschließen, die sie verändern möchten. Wir mögen hier und dort unterschiedliche Zugänge und auch politische Differenzen haben. Aber uns verbindet die Vision von einer nachhaltigen Welt ohne Rassismus, Unterdrückung und Krieg. Eine Welt, in der ein gutes Leben für alle, unabhängig von Hautfarbe, Herkunft, Religion, Geschlecht, Behinderung oder sexueller Orientierung möglich ist. Und die wir nur durch solidarische Bündnisse erkämpfen können.

Wie wir gemeinsam mehr bewegen:

Die Spaltung überwinden. Die Rechte von Arbeitnehmer:innen stehen nicht im Widerspruch zu den Rechten von Migrant:innen oder Asylwerber:innen, und die Absicherung ihrer Arbeitsrechte wiederum sollte eine antirassistische Forderung sein. Kürzungen bei Sozialleistungen für die einen bringen den anderen deswegen keinen Cent mehr. Die bewusst betriebene Spaltung spielt Menschen gegeneinander aus. Damit werden Verhandlungspositionen geschwächt, die gute Bedingungen für alle möchten, und Angst und Neid werden geschürt. Das ist genau so beabsichtigt, um den Schulterschluss zu verhindern, der die Verhältnisse tatsächlich verändern könnte. Interessenskonflikte überschatten oft auch gemeinsame Aktionen. Demonstrationen finden getrennt oder gar parallel zueinander statt, Differenzen werden öffentlich ausgetragen, Personen oder Organisationsteile werden ausgeschlossen. So verharren wir in den bestehenden Verhältnissen, statt unsere Kräfte gegen sie zu bündeln.

Das Gemeinsame finden. Auch wenn wir unterschiedliche Interessen vertreten, können wir für die Erreichung bestimmter Ziele innerhalb eines gemeinsamen Rahmens zusammenfinden. Dieser muss klar definiert sein und von allen mitgetragen werden, auf Basis eines respektvollen und solidarischen Umgangs miteinander.

Bündnisse aufbauen. Wir brauchen Kompromissfähigkeit in der Zusammenarbeit, wenn wir uns verbünden möchten. Dafür müssen wir aufeinander zugehen und den Unterschieden Raum geben. Neue und alte soziale Bewegungen, Gewerkschaften und (partei-)politische Partner:innen haben ihre eigenen Entstehungsgeschichten, Organisationsstrukturen, internen Abläufe, Protagonist:innen, Protestformen. Wir müssen zueinander finden, um gemeinsame Ziele zu erreichen, für die wir uns zusammenschließen. Wenn auch nur in punktuellen Bündnissen. Dafür müssen wir lernen, mit Widersprüchen umzugehen.

FÜR DIE POLITIK

Die Arbeit in der Politik ist für uns Beruf und Berufung zugleich. Ein besonderes Privileg und eine Verantwortung. Wie und wofür wir das nutzen, entscheiden wir jeden Tag. Wir haben Möglichkeiten, die wir auch für andere zugänglich machen möchten. Es ist für uns nicht selbstverständlich, Teil der österreichischen Politik zu sein und diese mitverändern und mitgestalten zu können. Mit unseren Stimmen und unseren Positionen. Wir entscheiden, wie wir diese Rollen anlegen. Wem wir mehr Sichtbarkeit geben und wessen Stimmen wir verstärken. Auf wen wir uns beziehen und wen wir vor den Vorhang holen. Ob wir uns inhaltlich oder machtpolitisch orientieren. Oder beides. Und wie viel von uns wir dabei zeigen, wie authentisch und nahbar wir dabei sind. Manchmal ist die Politik eine Showbühne, auch für uns. Aber uns ständig zu inszenieren, nimmt uns als Politiker:innen die Glaubwürdigkeit. Nur Händeschütteln reicht nicht. Oder andere mit *Fistbumps* zu begrüßen. Wir haben für uns einige grundsätzliche Zugänge gefunden, mit denen wir unser Mandat ausgestalten wollen. Kein *more of the same.* Stattdessen der Versuch der bewussten Erweiterung des Spektrums an Akteur:innen, die wir einbeziehen, und ein aktiver Austausch auch mit Standpunkten, die nicht ganz den unseren entsprechen. So bringen wir mehr Perspektiven in unsere politische Arbeit ein und gestalten sie nach inhaltlichen Kriterien.

Es entstehen neue Verbindungen und eine Praxis gegenseitiger Wertschätzung, trotz aller Unterschiede.

Wie wir Politik gestalten können:

Räume öffnen. Wir haben Zugang zu physischen und zu politischen Räumen, die wir für diejenigen öffnen können, die dort sonst nicht vertreten sind. Wir können sie in die Geschichte der Orte einbinden – Säle, Palais, Foyers – und diese anders besetzen. Sie sind damit nicht mehr nur dem politischen Establishment vorbehalten. Räume wie etwa der Wappensaal im Rathaus oder das Dachfoyer in der Hofburg bekommen eine neue Erzählung, indem wir dort Veranstaltungen mit Schwarzen und PoC-Aktivist:innen oder mit Frauen aus der afghanischen Community, zum Internationalen Tag gegen Rassismus oder zum Weltflüchtlingstag organisieren. Aus denjenigen, über die sonst in der Politik gesprochen wird, werden diejenigen, die selbst präsent sind und das Recht auf Anerkennung als gleichberechtigte politische Subjekte für sich beanspruchen. Für NGOs, vor allem für niederschwellige Initiativen, ist manchmal allein schon der Aufwand, eine Veranstaltung zu organisieren, eine schwer überwindbare Hürde – durch die anfallenden Kosten, aber auch durch die organisatorische Arbeit, die oft ehrenamtlich und neben einem Vollzeitjob erledigt werden muss. Als Politiker:innen können wir administrative Abläufe übernehmen und haben durch die Strukturen der Partei Möglichkeiten der Unterstützung. Und wir können immer wieder entscheiden: Wen lade ich ein? Wen zeichne ich aus? Auf wen beziehe ich mich in einer politischen Debatte? Es ist ein strategisches Ziel, politische Räume bewusst zu verändern.

Verbündete finden. Zur Durchsetzung politischer Anliegen brauchen wir Allianzen, auch über unsere eigenen Parteien hinaus. Und auch in anderen Parteien. Wir brauchen keine 100%ige Einigkeit oder Übereinstimmung in allen Belangen, um uns gemeinsam gegen Rassismus und Diskriminierung und für soziale Gerechtigkeit und Menschenrechte einzusetzen. Trennlinien verlaufen nicht zwangsläufig entlang der Parteizugehörigkeit. Wir können es uns auch gar nicht leisten, auf Verbündete zu verzichten. Gerade aus marginalisierten Positionen heraus sind Verbündete ein strategisches Mittel, um strukturelle Ausschlüsse zu überwinden.

Prioritäten setzen. Wir können nicht alles machen. Nicht alles wissen, abdecken, schaffen, verändern. Wir müssen auch nicht jede Debatte und jeden Kampf selbst führen. Wir müssen auswählen und abwägen und Prioritäten setzen, damit unsere Energie ausreicht. Eine strategische Auswahl, um mehr zu verändern.

FÜR DIE NÄCHSTEN

Im Jahr 2050 sind unsere Söhne in ihren Dreißigern. Sie werden in einer Welt leben, die wir uns heute kaum vorstellen können. Mit Herausforderungen, die wir nicht kennen. Wir wünschen uns natürlich, dass es ihnen gut geht. Dass sie gefestigte und kritische junge Menschen geworden sind, die ihren Platz in der Gesellschaft gefunden haben und ein selbstbestimmtes Leben führen. Dass sie ihre Potenziale entfalten können und von solidarischen Gemeinschaften umgeben sind. Und dass sie in einer Welt leben, die rücksichtsvoll mit allen Lebewesen umgeht. In einer Welt, in der Vermögen, Ressourcen und Arbeit gerecht verteilt sind. In der es für alle genug zu essen, frisches Wasser, saubere Luft gibt.

Wir wissen aber, dass das auch in der Zukunft nicht selbstverständlich sein wird. Und wir fragen uns – wie so viele –, was wir heute dafür tun können, dass die nächsten Generationen eine lebenswerte Welt vorfinden. Umso dringender erscheint es, hier und jetzt für Veränderung zu kämpfen.

Younis und Samuel werden ihre eigenen Bedürfnisse haben, ihre eigenen Vorbilder und Identitäten, ihre eigenen Wege gehen. Sie sollen ihre Interessen verfolgen können – auch dann, wenn diese sie in die Politik führen. Wir werden versuchen, ihnen einiges mitzugeben, allen voran eine feministische Haltung: Einen respektvollen Umgang mit Frauen, das Engagement für Gleichberechtigung und für Frauenrechte, die Reflexion von Männlichkeitsbildern.

Sie werden es nicht immer leicht haben – aber wer hat das schon. Als Schwarze Kinder wachsen sie in Österreich auf und werden Rassismus und Diskriminierung erfahren und viele Situationen, die frustrierend, bedrückend und verletzend sein werden. Wir hoffen aber, dass das Empowerment durch ihre Familien, ihre Freund:innen und ihre Communities sie stärken wird. Und dass ihre Lebensrealitäten von der Politik ernst genommen und berücksichtigt werden. Unsere Söhne sind Schwarze Österreicher. Sie gehören ebenso zu Österreich wie wir. Aber sie gehören auch zu einer Welt, die global vernetzt ist und in der wir immer mehr erleben, wie sehr wir miteinander verbunden sind. Eine Welt, die gemeinsame Herausforderungen hat: Armut und soziale Ungerechtigkeiten beseitigen, Klimakatastrophen und die Klimakrise bewältigen, Pandemien verhindern und das Gesundheitssystem stärken, ein Leben in Frieden und Sicherheit für alle ermöglichen.

Während wir unser Buch abschließen und in die Zukunft blicken, ist Krieg. Putins Russland hat die Ukraine angegriffen und nichts ist mehr, wie es war. Der Krieg ist schrecklich. Das Leid der Bevölkerung in der Ukraine ist unfassbar. Männer, Frauen und Kinder ermordet, ganze Städte und Dörfer dem Erdboden gleichgemacht, die Heimat zerstört. Bomben fallen auf Krankenhäuser und Wohnhäuser, auf Fliehende in Autos und Zügen wird geschossen. Das Leben gerät von heute auf morgen aus den Fugen, Familien werden auseinandergerissen, die Zukunft ist ungewiss. Die Angst vor weiteren Eskalationen und den Folgen dieses militärischen Angriffs ist groß. Wir sind bereits mitten in einem Wirtschaftskrieg und die Sanktionen gegen Russland werden auch für den Rest der Welt nicht ohne massive Folgen bleiben. Die Forderungen nach Aufrüstung und Budgeterhöhungen für Militärausgaben überschlagen sich. Noch herrscht Empathie mit denen, die vor diesem Krieg flüchten. Die alles verloren haben, neu anfangen müssen und hier Schutz suchen. Vor allem Frauen und Kinder. Aber schon jetzt wird unterschieden. Zwischen „Vertriebenen" und „Flüchtlingen". Zwischen denen *wie wir* und *den Anderen.*

Deren Leben in Afghanistan, in Syrien, im Irak oder im Jemen zerstört wird.

„Mensch ist Mensch" ist die Antwort der Zivilgesellschaft auf diese Spaltung. Es ist die Antwort, die wir für eine Zukunft brauchen, wie wir sie unseren Kindern wünschen. Für eine Praxis des Gemeinsamen. Für die Anerkennung der Unterschiede und eine solidarische Wende. Miteinander. Für eine Politik für alle.

ANMERKUNGEN

1 Im Februar 1988 sollte auf Initiative von 18 Frauen- und Lesbengruppen der Slogan „Lesben sind immer und überall!“ auf Werbetafeln in Wiener Straßenbahnen angebracht werden. Dieser Auftrag wurde von der zuständigen Werbegesellschaft GEWISTA (im Eigentum der Stadt Wien) abgelehnt. Begründet wurde das mit dem – bis 1997 geltenden – „Werbeverbot für gleichgeschlechtliche Unzucht und für Unzucht mit Tieren“ (§ 220 StGB). Die Frauen- und Lesbengruppen klagten und bekamen Recht. Dennoch wollten die Wiener Verkehrsbetriebe den Spruch nicht anbringen. Sie meinten, er wäre den weiblichen Fahrgästen nicht zumutbar, denn sie könnten sich alle als Lesben bezeichnet fühlen. Der Spruch schaffte es damals zwar nicht auf die Straßenbahn, wurde aber in der Frauen- und Lesbenbewegung populär und wird seitdem immer wieder bei politischen Aktionen verwendet. Mehr Infos dazu unter: https://initiative.minderheiten.at/wordpress/index.php/2020/03/lesbenbewegung/ [Zugriff: 31.3.2022]

2 https://initiative.minderheiten.at/wordpress/index.php/2020/03/schwarze-minderheit/ [Zugriff: 31.3.2022]

3 https://dok.at/film/operation-spring/ *sowie* https://www.vice.com/de/article/5g4jaa/operation-spring-930 [Zugriff: 31.3.2022]

4 https://initiative.minderheiten.at/wordpress/index.php/2020/03/schwarze-minderheit/ [Zugriff: 31.3.2022]

5 https://initiative.minderheiten.at/wordpress/index.php/2020/03/schwarze-minderheit/ *sowie* https://www.sozialmarie.org/files/696/pdf_loc.pdf [Zugriff: 31.3.2022]

6 Intersektionale Ansätze berücksichtigen, dass Menschen in mehrfacher Hinsicht von Diskriminierung betroffen sein können. Sie untersuchen das Zusammenwirken der unterschiedlichen Diskriminierungsformen.

7 Ubuntu ist eine aus afrikanischen Überlieferungen bekannte und vor allem im südlichen Afrika verbreitete Lebensphilosophie, auf die sich unter anderem der Friedensnobelpreisträger und Freiheitskämpfer Nelson Mandela in seiner Arbeit zur Versöhnung nach der Apartheid bezogen hat. Sie ist eine Haltung gegenseitigen Respekts und gegenseitiger Anerkennung und die Überzeugung, dass alle Menschen miteinander verbunden sind. Auf dieser Basis hat die aus Kamerun stammende Soziologin und vielfach ausgezeichnete Diversitätsexpertin Beatrice Achaleke den „Globuntu-Koffer“ entwickelt und in Österreich bekannt gemacht: ein Tool für Unternehmen, um positiv mit Diversität und kultureller Vielfalt umzugehen. Beatrice Achaleke war im Jahr 2008 die erste Schwarze Frau, die bei der Nationalratswahl in Österreich kandidierte (auf der Liste der Grünen). Als Obfrau des Vereins AFRA (International Center for Black Women's Perspectives) initiierte und organisierte sie im September 2007 den ersten „Black European Women's Congress“, die erste EU-weite Konferenz Schwarzer Frauen, in Wien. Nach über 20 Jahren Pionierarbeit in Österreich wanderte sie nach Südafrika aus und gründete dort den Verlag „GloBUNTU Books“, dessen Schwer-

punkt auf Büchern über afrikanische Identität und afrikanisches Erbe liegt. https://globuntubooks.com [Zugriff: 31.03.2022]

8 https://www.uni-mannheim.de/newsroom/presse/pressemitteilungen/2018/juli/max-versus-murat-schlechtere-noten-im-diktat-fuer-grundschulkinder-mit-tuerkischem-hintergrund/ [Zugriff: 31.03.2022]

9 https://initiative.minderheiten.at/wordpress/index.php/2020/03/schwarze-minderheit/ [Zugriff: 31.03.2022]

10 Vgl. Walter Sauer (Hg.): „Von Soliman zu Omofuma: Afrikanische Diaspora in Österreich 17. bis 20. Jahrhundert", StudienVerlag, Wien 2006.

11 https://www.derstandard.at/story/2000126886206/studie-polizei-in-oesterreich-haelt-schwarze-ueberproportional-oft-an [Zugriff: 31.03.2022]

12 Vgl. https://www.aoef.at/images/04a_zahlen-und-daten/Factsheet_Gewalt-an-Frauen-und-Maedchen-in-Oesterreich.pdf [Zugriff: 31.03.2022]

13 Vgl. https://www.sexuellegewalt.at/informieren/zahlen-fakten/ [Zugriff: 31.03.2022]

14 Vgl. https://www.aoef.at/images/04a_zahlen-und-daten/Factsheet_Gewalt-an-Frauen-und-Maedchen-in-Oesterreich.pdf [Zugriff: 31.03.2022]

15 FLINTA* steht für Frauen, Lesben, intersexuelle, nicht-binäre, trans und agender Menschen. Das Sternchen verweist auf alle, die sich nicht in den einzelnen Bezeichnungen wiederfinden, aber aufgrund ihrer Geschlechtsidentität vom Patriarchat unterdrückt werden.

16 Vgl. Grey's Anatomy Staffel 14 Folge 11

17 https://www.spektrum.de/news/aspirin-wirkt-bei-frauen-und-maennern-unterschiedlich/797779 [Zugriff: 31.03.2022]

18 https://www.sciencedirect.com/science/article/abs/pii/S1049386708000042 [Zugriff: 31.03.2022]

19 https://journals.plos.org/plosone/article?id=10.1371/journal.pone.0127717 [Zugriff: 31.03.2022]

20 https://ekvv.uni-bielefeld.de/blog/pressemitteilungen/entry/studie_belegt_mangelnde_ber%C3%BCcksichtigung_von [Zugriff: 31.03.2022]

21 https://www.spiegel.de/ausland/rassismus-in-der-medizin-es-sollte-normal-sein-einen-geschwollenen-schwarzen-arm-zu-sehen-a-7e64055b-51c1-44a2-b602-66526b7356d9 und https://www.operation-karriere.de/karriereweg/medizinstudium/medizinstudent-veroeffentlicht-lehrbuch-wie-sehen-symptome-auf-dunkler-haut-aus.html [Zugriff: 31.03.2022]

22 https://germanic.news/von-oximetern-zu-ki-wo-voreingenommenheit-in-medizinprodukten-lauern-kann-nhs/ [Zugriff: 31.03.2022]

23 https://kritischemedizinmuenchen.de/ueber-rassismus-in-der-medizin/ [Zugriff: 31.03.2022]

24 https://www.oenb.at/dam/jcr:37664c81-2d0d-409e-8d33-a19fc2b25854/05_mop_q4_21_A-new-instrument-to-measure-wealth-inequality.pdf [Zugriff: 31.03.2022]

25 https://www.derstandard.de/consent/tcf/story/2000130290759/warum-armut-in-oesterreich-nicht-selbstverschuldet-ist [Zugriff: 31.03.2022]

26 https://kinderbrauchenprofis.at/forderungen/#Forderung_02 [Zugriff: 31.03.2022]

27 https://www.diepresse.com/6053030/jeder-sechste-oesterreicher-hat-ein-minus-am-konto [Zugriff: 31.03.2022]

28 https://www.diepresse.com/6031096/caritas-draengt-auf-umsetzung-der-pflegereform [Zugriff: 31.03.2022]

29 https://www.tierschutzprozess.at/ [Zugriff: 31.03.2022]

DANKE

Faika El-Nagashi

Danke. Für die Erdung und Geborgenheit: meiner Partnerin und meinem Sohn. Für alle Möglichkeiten in einem fremden Land und den Schatz meiner Herkunft: meinen Eltern Mohamed und Györgyi. Für die beständige Unterstützung: meinen Schwiegereltern Erich und Maria. Für die umsichtigen Rückmeldungen und freundschaftliche Begleitung: Martha Weicher. Für die aktivistische Verbundenheit: David Albrich, Karin Wilflingseder, Judith Ranftler, Christine Nagl, Christian Knappik. Für die besten Schulstunden und das Fördern meiner Interessen: Gertrud Tichy und Georg Lobner. Für den Rahmen, unsere Perspektiven in Buchform zu bringen: dem Verlag Kremayr & Scheriau. Für die lustvolle und engagierte Betreuung dabei: der Verlagsleiterin Stefanie Jaksch und unserem Lektor Paul Maercker. Für Kritik und Diskussion: allen Leser:innen.

Mireille Ngosso

Viele Menschen haben mich auf meinen Weg begleitet. Ohne euch wären weder meine Geschichte noch dieses Buch möglich gewesen. Ein großes Danke an euch.

Im Besonderen möchte ich meinem Mann, meinem Sohn und meiner Familie danken, die mir immer Zuspruch geben, mich bestärken, nie aufzugeben und mir helfen, meine Träume umzusetzen.

Von ganzem Herzen danke ich auch Melanie Kandlbauer, die mich bei meinem Schreibprozess begleitet und mit mir alle Aufs und Abs durchstand, und danke auch an ihre Schwester Minitta Kandlbauer, die mich immer von meiner besten Seite ablichtet.

Zu guter Letzt möchte ich dem Verlag danken, der uns die Chance gegeben hat, dieses Buch zu schreiben, und allen Menschen, die jene Türen geöffnet und als Erste die Wege beschritten haben, die ich heute gehen darf.

Foto © Minitta Kandlbauer

Mag.ª Faika El-Nagashi,

geboren 1976 in Ungarn, ist österreichische Nationalratsabgeordnete, Politikwissenschaftlerin und langjährige politische Aktivistin. Im Alter von vier Jahren kam sie mit ihrer ungarischen Mutter, ihrem ägyptischen Vater und ihrem jüngeren Bruder nach Österreich. Vor ihrem Einstieg in die Politik war sie 15 Jahre lang in zivilgesellschaftlichen Organisationen engagiert. Ihre Schwerpunkte liegen in den Bereichen Antirassismus und Antidiskriminierung, in der Integrations- und Diversitätspolitik und den Frauen- und Menschenrechten. Sie lebt mit ihrer Lebensgefährtin und ihrem gemeinsamen Sohn in Wien.

Foto © Minitta Kandlbauer

Dr.^{in} Mireille Ngosso,

geboren 1980 in Kinshasa, ist Mutter, Allgemeinmedizinerin und Aktivistin in Wien. Seit über einem Jahrzehnt setzt sie sich für soziale Gerechtigkeit, Feminismus, eine gendergerechte Gesundheitspolitik und Antirassismus ein. Seit 2020 vertritt sie diese Werte als Teil der SPÖ im Wiener Gemeinderat. Im gleichen Jahr hat sie als Initiatorin des Black Voices Antirassismus-Volksbegehren und der ersten Black Lives Matter-Demonstration in Wien ein klares Zeichen gesetzt, dass die Stimmen von Schwarzen Menschen und People of Colour in Österreich endlich gehört werden müssen.

Die Texte von Mireille Ngosso wurden in Zusammenarbeit mit Melanie Kandlbauer verfasst.

www.kremayr-scheriau.at

ISBN 978-3-218-01311-6

Schutzumschlaggestaltung, typografische Gestaltung und Satz: Sheila Ehm
Lektorat: Paul Maercker
Druck und Bindung: GGP Media GmbH, Pößneck

ALLE